Aufhebung der Bipolarität –
Veränderungen im Osten, Rückwirkungen im Westen

Aufhebung der Bipolarität –

Veränderungen im Osten, Rückwirkungen im Westen

Herausgegeben von
Everhard Holtmann und
Heinz Sahner

Leske + Budrich, Opladen 1995

ISBN 978-3-322-92586-2   ISBN 978-3-322-92585-5 (eBook)
DOI 10.1007/978-3-322-92585-5

Inhaltsübersicht

Vorwort

Dieser kleine Band verdankt zumindest drei Sachverhalten seine Existenz. Jeder für sich wäre freilich hinreichend zur Durchführung der Tagung gewesen, die am 26. Oktober 1994 unter dem Thema „Aufhebung der Bipolarität: Veränderung im Osten, Rückwirkungen im Westen" an der Universität Halle-Wittenberg durchgeführt wurde. Erstens feierte die Universität unter dem Generalthema „Aufklärung und Erneuerung" ihr dreihundertjähriges Bestehen auch mit einem „Tag der Sozialwissenschaften". Zweitens wurde Prof. Dr. M. Rainer Lepsius wegen seiner Verdienste um den Aufbau der Soziologie in Ostdeutschland der Ehrendoktor der Martin-Luther-Universität Halle-Wittenberg verliehen. Schließlich ging es auch darum, fünf Jahre nach den denkwürdigen Ereignissen im Jahre 1989 den Stand des Transformationsprozesses zu diskutieren. Dies kann in einem solchen Rahmen natürlich nur bruchstückhaft geschehen. Trotzdem hoffen wir, daß die gesammelten Beiträge die Diskussion befördern.

Halle, im Januar 1995   Die Herausgeber

Heinz Sahner

Aufhebung der Bipolarität – Veränderungen im Osten, Rückwirkungen im Westen.

Einige einleitende Bemerkungen zum Stand der Transformation

Durch demokratische Wahlen entschied sich die Mehrheit der DDR-Bevölkerung gegen die DDR und für den Beitritt zur Bundesrepublik.

Bei allen heute zutagetretenden Wünschen, ein Stück Eigenständigkeit, ein Stück DDR zu retten, bedeutete das die Übernahme des politischen, wirtschaftlichen, rechtlichen und sozialen Systems der Bundesrepublik. Es war dies nicht nur eine Entscheidung von Politikern und Funktionsträgern, sondern der Wunsch war in der Bevölkerung tief und breit verwurzelt (Hanf 1992: 72, 74; Noelle-Neumann/Köcher 1993: 432).

Immer wieder ergibt sich daraus, aber auch aus dem Grundgesetz, die Notwendigkeit zu prüfen, wie weit dieser Transformationsprozeß fortgeschritten, nämlich die „Einheitlichkeit der Lebensverhältnisse" erreicht ist (Art. 72 Abs. 2 r. 3, Art. 91a, Art. 104a Abs. 4, Art. 106 Abs. 3 Nr. 2, Art. 107 Abs. 2, vgl. z. B. Cholewa u.a. 1983, IX. Vorbem.: 5).

Unter Transformation wird hier mit Zapf ein Modernisierungsprozeß verstanden, nämlich die Übernahme, Errichtung, Inkorporation von modernen demokratischen, marktwirtschaftlichen, rechtsstaatlichen Institutionen. Bei der Transformation handelt es sich also um eine „nachholende Modernisierung" (Zapf 1994a: 301).

Dieser Transformationsprozeß ist bis heute in einem unterschiedlich hohen Maße gelungen. Er ist in manchen Bereichen nahezu abgeschlossen, in anderen zweifelt man daran, daß es jemals zu einer akzeptablen Angleichung zwischen Ost und West, die sich innerhalb der üblichen Variabilität von „Stämmen und Landschaften" bewegt, kommt. Im folgenden wird kurz versucht, eine kleine Zwischenbilanz zu ziehen.

(1) Unstrittig, sowohl zwischen den Forschern als auch bei den Betroffenen selbst, das belegen zahlreiche Umfragen, ist das erreichte Potential individueller Freiheiten. Die Optionen sind für den ehemaligen DDR-Bürger in einem beträchtlichen Umfang gewachsen, so z. B. auf den Gebieten der Konsum-, Meinungs-, Presse-, Rede- und Reisefreiheiten. Diese Möglichkeiten werden heute in einem Maße genutzt, daß sie zu kulturellen Selbstverständlichkeiten geworden sind und deshalb auch nicht mehr problematisiert wer-

den. Sie sich ab und zu in Erinnerung zu rufen, ist trotzdem förderlich, werden so doch kognitive Dissonanzen erträglicher. Wie sagte eine Bürgerin so schön? – man steigt in Halle in die blauen Wagen ein und in Hamburg, Köln oder München aus – herrlich!

(2) Mit dem Beitritt zur Bundesrepublik entschied man sich auch für die Übernahme zentraler Institutionen der Bundesrepublik. Institutionen sind soziale Erfindungen, die soziales Handeln kontextspezifisch mit einer gewissen Verbindlichkeit strukturieren. In westlichen Industriegesellschaften spielt ein ganz bestimmter Satz von modernen Institutionen eine zentrale Rolle. „Modern" deshalb, weil sie neben anderen wichtigen Funktionen auch noch die der Innovationsfähigkeit umfassen und die Adaptionskapazitäten erweitern. Kurz, sie maximieren Optionen. Dies ist deshalb wichtig, weil gerade dem Institutionengefüge der sozialistischen Gesellschaften diese Eigenschaften offensichtlich fehlten.

Zu den Grundinstitutionen moderner Gesellschaften zählt z. B. Zapf die Konkurrenzdemokratie, die Marktwirtschaft und die Wohlstandsgesellschaft mit Massenkonsum und Wohlfahrtsstaat (Zapf 1992: 186). Bei Parsons wird diese Problematik unter dem Begriff der „evolutionären Universalien" diskutiert. Dazu zählen vor allem demokratische Vereinigungen zur Legitimation politischer Entscheidungen, ein Verfahren der Statuszuweisung, das geeignet ist, soziale Ungleichheit zu legitimieren, ferner generalisierte Austauschmedien (Geldwirtschaft), Bürokratie, ein unversalistisches Rechtssystem usw. (Parsons 1964). Wenn immer wieder behauptet wird, daß die Sozialwissenschaftler keine gültigen Prognosen über die Entwicklung des Sozialismus getroffen hätten, so kann das mit Parsons leicht widerlegt werden, dem klar war, was aus der aus seiner Sicht defizitären Institutionenstruktur folgen mußte,

„nämlich daß es die totalitäre kommunistische Organisation langfristig wahrscheinlich mit der ‚Demokratie' und ihren politischen und integrativen Kapazitäten nicht voll aufnehmen kann. Ich stelle tatsächlich die Prognose, daß sich die kommunistische Gesellschaftsorganisation als instabil erweisen wird und entweder Anpassungen in Richtung auf die Wahlrechtsdemokratie und ein pluralistisches Parteiensystem machen oder in weniger entwickelte und politisch weniger effektive Organisationsformen ‚regredieren' wird; im zweiten Fall würden sich die kommunistischen Länder viel langsamer weiterentwickeln als im ersten Fall. Diese Voraussage stützt sich nicht zuletzt darauf, daß die Kommunistische Partei überall die Aufgabe betont hat, das Volk für eine neue Gesellschaft zu erziehen. Langfristig wird ihre Legitimität bestimmt untergraben, wenn die Parteiführung weiter nicht willens ist, dem Volk zu *vertrauen*, das sie erzogen hat. In unserem Zusammenhang aber heißt dem Volk vertrauen: ihm einen Teil der politischen Verantwortung anzuvertrauen. Das kann nur bedeuten, daß die monolithische Einheitspartei schließlich ihr Monopol der politischen Verantwortung aufgeben muß" (Parsons 1964, zitiert nach Zapf 1969: 70f).

Deutlicher kann man Vorhersagen kaum treffen.

Dem Strukturfunktionalismus im allgemeinen und Parsons im besonderen hat man in einer Zeit, in der in der westdeutschen Soziologie der Marxismus dominierte (Sahner 1982), immer wieder den Vorwurf der Geschichtslosigkeit gemacht. Der läßt sich mit Verweis auf weite Teile des Werkes von Parsons ihm gegenüber aber gerade nicht machen. Ernster ist schon der Vorwurf zu nehmen, daß wir es hier mit einer gewissen Form des Ethnozentrismus zu tun haben, der bestimmte Entwicklungspfade hypostasiert. Dem kann man entgegenhalten, daß das diskutierte Institutionengefüge über ein beträchtliches Potential eingebauter Flexibilität (built-in-flexibility) verfügt, so daß durchaus verschiedene Entwicklungspfade offen bleiben. Diese Institutionen, Regeln, evolutionären Universalien haben sich bewährt und überzeugende Alternativen dazu, die geeignet sind, die heutigen Weltprobleme zu lösen bzw. zu kontrollieren, sind bis jetzt nicht aufgezeigt worden. Sie stehen heute wieder im Test – Transformation als Herausforderung.

Das Institutionensystem der Bundesrepublik ist vergleichsweise schnell übertragen worden. Die Modernisierung und Dezentralisierung (Däumer 1995) der Verwaltung und der Justiz ist – wenn auch noch nicht ganz abgeschlossen – innerhalb kurzer Zeit durchgeführt worden (Geißler 1992). Die monopolistisch organisierte Machtelite wurde vollständig aufgelöst und das Prinzip der Konkurrenzdemokratie eingeführt. In verschiedenen Sektoren der Gesellschaft fand eine mehr oder weniger große Zirkulation der Eliten statt. Einen fast totalen Austausch gab es in den Bereichen Politik, Justiz, Militär und Gewerkschaften. Die sozialistische Dienstklasse, weitgehend identisch mit dem sogenannten X-Bereich (Beer 1992: 6), der die Beschäftigten der Armee, Polizei, Staatssicherheit, des Zolls, der Parteien und Massenorganisationen umfaßt, wurde (zumindest in einigen Sektoren) nahezu vollständig abgebaut. Die Quantifizierung dieser Personenzahl und damit auch die Bestimmung des Umfanges des Dienstleistungssektors war immer sehr schwierig, weil dieser Sektor in den offiziellen Statistiken nicht ausgewiesen wurde. Die Größenordnung des X-Bereiches kann auf etwa eine Million Personen geschätzt werden (iw-trends 2, 1990: VI-10).

Mit der Abschaffung des SED-Regimes, der Auflösung der sozialistischen Dienstklasse und durch den Sachverhalt, daß nicht mehr Parteiloyalität als dominantes Aufstiegskriterium wirkt, wurden wichtige Voraussetzungen für die Entwicklung einer Wirtschaft westlicher Prägung geschaffen. Hier verläuft die Transformation allerdings alles andere als zufriedenstellend, worauf noch einzugehen ist.

Wenn das Institutionensystem der Bundesrepublik vergleichsweise schnell und schmerzfrei übertragen worden ist, dann kann man zumindest drei Gründe dafür anführen. Erstens: Die Übertragung war von allen Seiten gewollt; die Akzeptanz war und ist beträchtlich. Zweitens: Der Transformationsprozeß wurde durch bedeutende Transferzahlungen alimentiert (bis 1994 je nach Zählung bis zu 800 Mrd. DM, Mitteldeutsche Zeitung vom 17.12. 1994, Arbeitsgemeinschaft 1994: 19; wenn auch schwer vergleichbar: die ERP-Hilfe ging von 1948 bis 1952 und betrug für die Bundesrepublik 4,2 Mrd. Dollar). Drittens: Ein Heer von Experten aus Bund, Ländern und Gemeinden unterstützte die Implementierung[1].

Freilich, auch das hat Kritik gefunden. Gerade sei man einem paternalistischen System entkommen, gehe die Bevormundung auf andere Art weiter. Gestaltungswille könne so doch nicht aufkommen. Probleme der Jobkonkurrenz kamen hinzu. Tenor der Argumentation wird aber bleiben, daß man anders den raschen Wandel nicht hätte bewerkstelligen können.

Trotz aller unangenehmen Nebenfolgen steht der Erfolg außer Frage und wird im Vergleich zu den Problemen in den osteuropäischen Staaten, „wo eigene Akteure den Umbau bewältigen mußten" (Krasnodebski nach Kollmorgen 1994: 435), erst so richtig deutlich.

(3) Leben die Bürger in Ost- und Westdeutschland mittlerweile in einem vergleichbaren Institutionengefüge, so variieren jedoch die materiellen Bedingungen noch immer beträchtlich. Infrastruktur (Straßen), Wohnungs- und Umweltbedingungen (z.B. Luftverschmutzung) vor allem aber auch die Einkommensverhältnisse sind in Ostdeutschland deutlich ungünstiger. Wenn den ostdeutschen Bürgern ihre niedrigere Miete veranschlagt wird (57% der westlichen; iwd-Mitteilung vom 12.10.1994), dann darf darüber nicht vergessen werden, daß sie sich dafür deutlich weniger Wohnkomfort einhandeln. Während im Westen pro Kopf 37qm Wohnraum zur Verfügung steht, sind es im Osten lediglich 27qm – und dies bei schlechterer Ausstattung: Über ein Innen-WC verfügen im Westen 98% aller Wohnungen, während es im Osten lediglich 76% sind. Noch 25% der Wohnungen in Halle und etwa 47% der Wohnungen in Leipzig werden mit der stark umweltbelastenden Kohle beheizt, während diese Heizart im Westen kaum noch eine Rolle spielt (Gerlach u.a. 1991, Mnich 1993, Sahner 1994, Stadt Leipzig 1991). Vieles, was der „Wessi" als kulturelle Selbstverständlichkeit ansieht, fehlt noch oder ist defizitär (Sauberkeit, besonders der Städte; Telefonversorgung etc.).

Nicht nur der Wissenschaftler, auch der Normalbürger lebt vom Vergleich. Und wenn der Ostdeutsche bilanziert, dann kommt er zu dem Ergeb-

---

1   Zur Jahreswende 1992/1993 waren das etwa 34.500 Bedienstete aus dem Westen. Kurzfristige Hilfe und Beratung von Kommune zu Kommune, zwischen Regierungspräsidien, zwischen einzelnen Behörden und Dienststellen nicht gerechnet (Rosen 1993: 437).

nis, daß sich die Lebensverhältnisse gebessert haben. Auch für die Einkommenssituation trifft das zu. Und analysiert man die Befunde, die sich auf die statistischen Ämter, flächendeckende Surveys, „oral history" und Primärerfahrung stützen, dann geht es im Vergleich zur Wende materiell (fast) jedem besser (StatBA, Mitteldeutsche Zeitung v. 22.10.1994; DIW-Wochenbericht 51-52/94; iwd-Mitteilung v. 12.10. 1994; Zapf 1994a; Zapf 1994b und in diesem Buch). Diese Behauptung dürfte – unter Berücksichtigung sonstiger Transferzahlungen (Wohngeld) – auch für einen großen Teil der Arbeitslosen[2] zutreffen. Freilich trifft sie für verschiedene Bevölkerungsgruppen in unterschiedlicher Weise zu. Deutlich besser geht es den Rentnern, was aber nur das Gewicht indiziert, mit der diese Bevölkerungsgruppe im sozialistischen Reproduktionsprozeß gehandelt wurde. Sie durfte sogar das Land verlassen.

Daß sich die Lebensbedingungen in beiden Teilen Deutschlands annähern, dafür gibt es im übrigen einen verläßlichen Indikator, nämlich den der regionalen Mobilität. Nicht zuletzt die beträchtliche Ost-West-Wanderung war es ja, die – trotz aller Bedenken – dann doch zu dem Entschluß führte, die Wirtschaftsunion rasch einzuführen. Fast 400.000 wanderten 1990 in den Westen ab. 1993 waren es nur noch unter 200.000, die aber mittlerweile durch eine beträchtliche West-Ost-Wanderung relativiert werden. Das Wanderungsdefizit lag 1993 bei etwa 53.000 und im ersten Quartal 1994 bei 7.300 (Mitteilung des Statistischen Bundesamtes). Eine lineare Hochrechnung ergäbe für 1994 ein Wanderungsdefizit von 29.200. Wir nähern uns normalen Verhältnissen. Nachteilig für Ostdeutschland bleibt, daß es sich sowohl bei den früheren als auch bei den jetzigen Wanderern aber gerade um die jungen und besser ausgebildeten Bürger handelte und handelt[3].

Das Mobilitätsverhalten überhaupt ähnelt immer mehr dem des Westens. Die ersten Suburbanisierungsprozesse zeichnen sich ab. Die Wanderungsbilanz der großen Städte ist nicht allein deshalb defizitär, weil ihre Bürger in den Westen abwandern, sondern auch deshalb, weil vor allem Familien mit Kindern, sobald sie es sich irgend leisten können, vor die Tore der Stadt in ein Eigenheim ziehen (Mnich 1993, 1995).

Arbeitslosigkeit reduziert nicht allein das Haushaltseinkommen. Selbstverständnis und Stellung in der Gesellschaft wird dominant über die berufliche Tätigkeit vermittelt. Auch deshalb ist die hohe Arbeitslosigkeit eine besondere Geißel. Dabei muß man sich noch vor Augen führen, daß die rund eine Million Arbeitslosen, die augenblicklich in Ostdeutschland zu registrieren sind (Oktober 1994: 14,1% im Osten, 8,8% im Westen), die Misere nicht in ihrer vollen Breite wiedergeben. Die DDR hatte bei rund 16,6 Millionen

---

2   „Aber wenn man die Groschen zusammenhält, kann man damit immer noch mehr anfangen als früher." Arbeitsloser, Mitteldeutsche Zeitung vom 9.11.1994

3   Übrigens ist der Geburteneinbruch in Ostdeutschland zum Teil auf diese selektive Wanderung zurückzuführen (vgl. darüber hinaus Zapf in diesem Band).

Einwohnern 9,8 Millionen Einwohner im Arbeitsprozeß stehen. Gemessen an den Erwerbsfähigen ist das eine Erwerbsquote von ungefähr 90% (mit nur geringen Unterschieden zwischen den Geschlechtern!). Von diesen 9,8 Millionen waren im August 1993 nur noch etwa 6,2 Millionen erwerbstätig (IAB 1993: Übersicht 10). Davon waren aber noch etwa 500.000 über eine Arbeitsbeschaffungsmaßnahme beschäftigt bzw. mit Kurzarbeit belastet. Kurz, mit der Wende haben nicht nur eine Million, sondern 3 bis 4 Millionen ihren sicheren Arbeitsplatz und damit ihre Identität verloren. Frauen waren und sind von der Arbeitslosigkeit besonders betroffen. Zwar wurde über Vorruhestandsregelungen und über Fort- und Weiterbildungsmaßnahmen oder eben über Arbeitslosengeld materielle Not weitgehend abgewendet, aber jeder zweite von denen, die früher berufstätig waren, assoziiert die Wende mit Statusverlust.

Die hohe Arbeitslosigkeit geht bekanntlich auf die Einbrüche in der Landwirtschaft, vor allem aber in der Industrie zurück. Das schlimme Wort, daß die Industrie platt gemacht worden sei, trifft den Sachverhalt nicht, vielmehr geht er auf die Produktionsbedingungen vor der Wende, vor allem auf das marode Sachkapital zurück. Er ist auch nicht ein Ausfluß der Inkompetenz der DDR-Bürger. Mit Fug und Recht läßt sich diesmal sagen, es lag am System, daß der Industriebesatz in einer klassischen Industrieregion (Halle-Leipzig) auf das Niveau von Ostfriesland sank (Dosch 1994).

Aber wo bleiben die heilenden Kräfte des Marktes? Mit der Baukonjunktur allein und mit den spärlichen Erfolgen im Dienstleistungssektor (Sahner 1993) läßt sich kein Aufschwung zaubern. Bleibt oder wird Ostdeutschland die verlängerte Werkbank des Westens oder wird es ein funktionales Äquivalent zum Mezzogiorno Italiens (Ettrich 1993)? In der Tat sind die Randbedingungen für einen industriellen Aufschwung im Osten ungünstig. Die Bedingungen sind vielfältig. Monokausalität liegt auch hier nicht vor. Auch die einfachen Antworten von Experten greifen häufig zu kurz, zum Beispiel auch die, daß die Arbeit zu teuer sei. Das ist sie auch im Westen.

Andere sehen die Ursache der Schwierigkeiten darin, daß die osteuropäischen Märkte weggebrochen seien. Aber auch hier darf man sich keinen Täuschungen hingeben und diesen Faktor nicht überbewerten, wären doch auch hier die ostdeutschen Produkte im Vergleich zu den westlichen kaum konkurrenzfähig gewesen.

Schon ernster ist der Einwurf zu nehmen, daß der Kapitalstock hoffnungslos veraltet gewesen sei. Das ist zweifellos richtig. So lag der durchschnittliche Verschleiß des Kapitalstocks in den meisten Dienstleistungszweigen – so etwa im Post- und Fernmeldewesen – nach Beer (1992: 9) bei 60%.

Was allerdings fehlt, ist ein mittelständisches, innovatives Unternehmertum. Wo soll es aber herkommen? Die Industrielandschaft war durch Großbetriebe gekennzeichnet. Privates Unternehmertum war nahezu ausgeschaltet (OECD 1991, S.12). Eine entsprechende Unternehmerkultur ist also nicht vorhanden – ganz abgesehen von den Finanzierungproblemen. Eigenkapital konnte ja nicht gebildet werden. Und der westdeutsche Unternehmer? – Wo bleibt der? Der bleibt im Ländle. Er wäre ja auch schön dumm. Warum sollte er sich jetzt *nicht* als homo ökonomicus verhalten? Unter Auslastung seiner Kapazitäten kann er ohnehin alles vom Westen aus besser machen.

Trotz dieser widrigen Umstände zeichnet sich ein Wandel der Wachstumskräfte in Ostdeutschland ab (vgl. hierzu Ludwig 1994). Die wirtschaftlichen Auftriebstendenzen haben sich im ersten Halbjahr 1994 gegenüber dem Vorjahr verstärkt (Anstieg des Bruttoinlandsproduktes um 8,9%). Erstmalig übertrifft die Schaffung neuer Arbeitsplätze den Arbeitsplatzabbau. Vor allem aber gilt die Industrie wieder als Wachstumsträger. „Im ersten Halbjahr 1994 hat das Verarbeitende Gewerbe wieder vier Fünftel des Produktionsniveaus erreicht, mit dem es in die Marktwirtschaft gestartet war" (Ludwig 1994: 4).

Ansätze für eine überholende Modernisierung? Diese Möglichkeit bezweifeln viele, unwahrscheinlich ist sie nicht, wenn auch die Ausgangsbedingungen nicht mit denen der Nachkriegszeit vergleichbar sind, in der man z.B. zu fast jedem Lohn bereit war zu arbeiten. Aber, betrachtet man die in Ostdeutschland ablaufenden Wirtschaftsprozesse, dann wird doch nicht das im Westen ausrangierte Produktionskapital, sondern jeweils der modernste Maschinenpark, die entwickeltsten Kommunikationssysteme und die neueste EDV implementiert. Gegenüber dieser materiellen Kultur gibt es auch die geringsten Akzeptanzprobleme (Ogburn 1922, 1969). Hier gibt es auch keine Vereinigungsprobleme, die liegen in starkem Maße im sozialen Bereich. Da ist die Vereinigung am wenigsten weit fortgeschritten. Nach der gut fundierten These des „cultural lag" diffundiert materielle Kultur nun einmal schneller als immaterielle.

(4) Den Sachverhalt, daß die Vereinigung im mentalen und sozialen Bereich nicht weit fortgeschritten ist, kann man mit zumindest drei Argumenten bzw. Konzepten plausibel machen. Wie meist, so läßt sich auch hier die Welt nicht monokausal erklären. Auf den Gesichtspunkt des Identitätsverlustes wurde schon eingegangen. Identität läßt sich auch nicht im Handumdrehen neu stiften, zumindest nicht so schnell, wie man z.B. vom Trabi auf den Golf umsteigen kann. Sozialisationsprozesse sind langwieriger.

Den zweiten Gesichtspunkt kann man mit dem Konzept der relativen Deprivation umschreiben. Auch der Bürger lebt vom Vergleich. Es geht zwar „jedem" besser, aber doch nicht so gut wie den Bürgern Westdeutschlands. Und die wehren sich – mit aus ihrer Sicht sicher guten Gründen – gegen ein weitergehendes „Teilen". Sie verweisen auf die Transfermilliarden. Der Bürger Ostdeutschlands verweist eher darauf, daß er den verlorenen Krieg gleich zweimal bezahlen mußte und er auch als ganz junger Mensch im Durchschnitt nicht die Chance hat, auf ein im Westen übliches Vermögensniveau zu kommen. Man denke allein an die in der Nachkriegszeit im Westen erworbenen Vermögen, die nun vererbt werden. Viele der älteren Bürger werden aber noch nicht einmal zu einem vergleichbar hohen Einkommen bzw. Rente kommen, erst recht nicht zu einem annähernd hohen Sparguthaben, geschweige denn zu ähnlichen Vermögen (Immobilien). Ist das gerecht? – Nur weil man nach dem Krieg zufälligerweise ein paar Kilometer zu weit östlich wohnte?

Die größten Probleme dürften aber daraus resultieren, daß sich die Koordinaten des Handelns mit der Übernahme des westlichen Institutionengefüges drastisch geändert haben. Man kann die Kontrastsituation zwischen Ost und West gut anhand von Parsons' Handlungsalternativen (Pattern Variables) erläutern (Parsons 1951, 1960).

Im Westen sind die außerfamilialen Beziehungen, z.B. die Handlungsanforderungen im Betrieb, eher universalistisch, affektiv neutral, eher auf einzelne Aspekte des Rollenpartners zugeschnitten, es interessiert lediglich sein Fachwissen. Die Rollenzuteilung nach Leistung spielt eine große Rolle, Selbstorientierung ist erlaubt oder sogar erforderlich. Dagegen schaue man sich an, welche Rolle der Betrieb im Leben des ostdeutschen Bürgers spielte! Er war fast ein funktionales Äquivalent zur Familie. „Wir waren ein so schönes Kollektiv" (Halbig 1994) sagt jemand, der sich für den Westen entschieden hat. Die Beziehungsmuster ähnelten nicht nur denen, die Parsons als für die Familie typisch herausgestellt hat, und die zu den im Beruf geltenden Handlungsanforderungen in einem Spannungsverhältnis stehen (zumindest in westlichen Industriegesellschaften gilt das), sondern die Betriebsangehörigen wurden „auf Arbeit" auch rundum versorgt, das System war also weniger ausdifferenziert. Die Betriebsleistungen bezogen sich auf die Kultur, auf Hort und Kindergarten, ärztliche Versorgung und auf viele andere Leistungen. Überhaupt, kollektive Orientierungen dominierten. Manches mutete vorindustriell an. Als Medium für wirtschaftliche Austauschbeziehungen bediente man sich nicht nur des Geldes. Es gab Sektoren, da dominierte der Naturaltausch. Allgemeiner Bedarf allein reichte zur Produktion selbst bescheidener Produkte nicht aus. Man lese nur einmal nach, welcher Kombination von Merkmalen des Familismus es bedurfte, um in der DDR die Produktion eines Sabberlätzchens aus Plaste zu initiieren (Kant 1994: 273f). In der Bildung von privaten Versorgungsnetzwerken (Hanf 1992: 71) und Beschaffungsgemeinschaften war man virtuos. Netzwerke, Kollektivorientierung – sollten die Ossis im Sinne fortschrittlicher westlicher Unternehmensphilosophien heute „moderner" als die Wessis sein?

Vorurteile sind schwer zu korrigieren. Viele im Westen haben noch die Horrorgeschichten im Ohr von den Ossis auf westlichen Baustellen, die es nicht schaffen, über 11 Uhr hinaus zu arbeiten, weil auf östlichen Baustellen zu dieser Zeit schon immer die Ressourcen ausgegangen waren. Im Osten höre ich westliche Unternehmer von der Leistungsbereitschaft und vom Teamgeist der Belegschaften schwärmen. Beides können Sätze mit hohem Wahrheitsgehalt sein. Eine Erklärung läge in selektiver Wanderung.

Der sozialen Vereinigung stehen manche Hindernisse im Wege. Dazu zählt sicher auch die wechselseitige Stereotypisierung. Sollte die sogar wachsen, würde der Riß nur tiefer. Es macht eben auch einen Unterschied, ob man einige tausend Ostfriesen liebevoll apostrophiert oder 16 Million Ostdeutsche ausgrenzt. Quantität schlägt auch hier in Qualität um. Man halte sich vielmehr vor Augen, mit welchen kolossalen Veränderungen allein im immateriellen Bereich die Ostdeutschen nach der Wende leben. Und man denke an die ungeheuren Schwierigkeiten, die es dem Westen bereitet, allein die Ladenschlußzeiten zu ändern.

Tatsache bleibt, daß die Ostdeutschen ihr Koordinatensystem sozialen Handelns kurzfristig verloren haben; es dauert, sich mit dem neuen vertraut zu machen. Auch hier wird das Funktionieren der Institutionen auf Dauer die politische Kultur prägen (Lepsius 1991: 73). So lange verspricht die PDS (vgl. dazu auch Holtmann in diesem Band) ein Stück Identität. Dieser Partei könnte durchaus eine Brückenfunktion zuwachsen – sozusagen ein funktionales Äquivalent zu den altershomogenen Gruppen (Peers) nach Eisenstadt (1956). Sie begleiten bekanntlich häufig die Jugendlichen bei ihrem schwierigen Abnabelungsprozeß von der Familie und bereiten doch die Integration in das Berufsleben und in die Gesellschaft vor. Freilich, manchmal können diese Peers auf Systemebene auch dysfunktionalen Charakter bekommen. Die Wahrscheinlichkeit, daß die PDS in diesem Sinne eingeschätzt werden muß, kann bei den augenblicklich dominanten Randbedingungen (vor allem: Wohlstandssteigerung) und bei der um sich greifenden Einschätzung, daß diese Partei nicht über ein überzeugendes Programm verfügt, um die anstehenden Probleme zu lösen, als gering eingeschätzt werden. Weiter wird diese Partei an Bedeutung durch die nach den erfolgreichen Wahlen aufbrechenden Flügelkämpfe verlieren.

(5) Die Hoffnung, daß sich mit der Vereinigung auch im Westen manches verändern werde, war besonders unter den Linksintellektuellen verbreitet. Nicht eine größere alte Bundesrepublik sollte entstehen, sondern eine neue – gar eine „dritte Republik" (cf. v. Beyme in diesem Band). Selbst die nach der Meinung vieler Kritiker ohnehin anstehenden Reformen wurden nicht vorgenommen (z.B. Gesundheitsreform). Diese Hoffnungen wurden zumindest bisher gründlich enttäuscht. Sieht man von einigen kleineren Änderungen im Normenbereich ab, so im Abtreibungsrecht oder von der (teilweisen) Einführung des „grünen Pfeils", dann hat sich auf der Ebene der Institutionen und Normen nichts oder nahezu nichts geändert. Nach Lepsius ist durch den Beitritt auch kein Anspruch zu einer Veränderung des Institutionengefüges begründet worden. Durch den Beitritt seien auch keine wirklich neuen Problem-

lagen entstanden, die eine Änderung erforderlich gemacht hätten (Lepsius
nach Kollmorgen 1994: 433; und Lepsius in diesem Band).

Die Konstanz des Institutionengefüges ist aber durchaus mit manigfalti-
gen anderen Rückwirkungen vereinbar. So schließt schon die Konstanz von
Institutionen, wie die der sozialen Marktwirtschaft oder des föderativen Fi-
nanzaufbaus, nicht die Variation ihrer Beanspruchung und Ausgestaltung
aus. Desgleichen sind Rückwirkungen auf die Verhaltensebene (man denke
nur an sich wandelnde Rollenanforderungen, Migration etc.) und auf den
mentalen Sektor möglich und auch schon in Fülle zu beobachten. Die bereits
eingetretenen Veränderungen sind gewichtiger als allgemein vermutet wird.
Man denke doch nur an das, was die PDS schon bewegt hat. Die Institution
der Konkurrenzdemokratie wurde zwar auch durch die gestiegene Notwendigkeit zur Bildung großer Koalitionen (Lepsius, in diesem Band) nicht in
Frage gestellt, doch zeichnen sich Prozesse ab, die bis vor kurzem noch un-
denkbar waren, und die es einem schwarz-grün vor Augen werden lassen.
Und welche Konsequenzen der Tatbestand hat, daß der Westen sich gegenüber der Alternative „Kommunismus" nicht mehr stets aufs neue legitimieren
muß, ist noch gar nicht auszumachen.

Insoweit kann man schon von einem Prozeß gegenseitiger Beeinflussung
sprechen, wenn er auch äußerst asymmetrisch verläuft.

(6) Über den tatsächlichen und möglichen Veränderungen darf nicht vergessen werden, zu welchen Wirkungen es *nicht* gekommen ist. Ob politisches
Handeln angemessen ist, kann nur vor dem Hintergrund möglicher Alternativen eingeschätzt werden. So hat die Wende nicht zu katastrophalen Verhältnissen geführt, wie wir sie in Osteuropa auf wirtschaftlichem und politischem
Gebiet beobachten können. So ist Ostdeutschland durch die (frühe, für manche zu frühe) Wirtschaftsunion nicht durch Migration ausgeblutet, und die
Westdeutschen zahlen ohne Aufstand die immensen Transferzahlungen, obwohl sie eine Wohlstandseinbuße bedeuten.

Fazit: Die Vereinigung von Ost- und Westdeutschland fand auf breiter demokratisch legitimierter Grundlage statt. Der Transformationsprozeß selbst
ist weitaus schwieriger und verläuft mit mehr Friktionen als ursprünglich angenommen wurde. Er ist auf der Ebene der Institutionen nahezu abgeschlossen, im wirtschaftlichen und sozialen Bereich ist man davon noch weit entfernt. Dennoch, trotz aller Probleme und allen Gejammers, der Vereinigungsprozeß wird immer noch von der übergroßen Mehrheit der Bürger – im
Osten stärker als im Westen (allensbacher berichte 1994/Nr. 9) – getragen.

Literatur

Arbeitsgemeinschaft deutscher wirtschaftswissenschaftlicher Forschungsinstitute e. V. 1994: Die Lage der Weltwirtschaft und der deutschen Wirtschaft im Herbst 1994. Hamburg

Beer, Siegfried 1992: Analyse struktureller Umbruchsprozesse im Dienstleistungssektor in den neuen Bundesländern. Institut für Wirtschaftsforschung Halle. Forschungsreihe 2/1992

Cholewa, Werner/Dyong, Hartmut/von der Heide, Hans-Jürgen/Arenz, Willi 1993: Raumordnung in Bund und Ländern. Kommentar zum Raumordnungsgesetz des Bundes und Vorschriftensammlung aus Bund und Ländern. 4. Lieferung der 3. Auflage. Stand: September 1993. Band 1: Kommentar. Stuttgart/Berlin/Köln

Däumer, Roland 1995: Vom demokratischen Zentralismus zur Selbstverwaltung. Der Hallesche Graureiher 95-2. Forschungsberichte des Instituts für Soziologie der Martin-Luther-Universität Halle-Wittenberg. Halle (in Vorbereitung)

Dosch, Fabian 1994: Deindustrialisierung ostdeutscher Regionen – eine bittere Realität! – Regionalbarometer neue Länder – Bundesforschungsanstalt für Landeskunde und Raumordnung. Mitteilungen 3/Juni 1994, S. 1-5

Eisenstadt, S. N. 1956: From Generation to Generation. London (deutsch: München 1966)

Ettrich, Frank 1993: „Modernisierung ohne Entwicklung" – Transformation als „Überlagerung?" Biss public 10, S. 43-54

Gerlach , Helga/Malik, Reinhard/Osenberg, Hanno/Schwandt, Alfred 1991: Erste Regionalinformationen zur Wohnungsversorgung im vereinten Deutschland. Informationen zur Raumentwicklung, Heft 5./6. 1991, S. 253-276

Geißler, Rainer 1992: Die ostdeutsche Sozialstruktur unter Modernisierungszwang. Aus Politik und Zeitgeschichte. Beilage zur Wochenzeitung Das Parlament, B29-30/92, S. 15-27

Halbig, Heinrich 1994: Dresdner Stollen blieb unberührt. Mitteldeutsche Zeitung vom 24. 12. 1994, S. 5

Hanf, Thomas 1992: Konstitutionsprobleme einer neuen Sozialstruktur. In: Michael Thomas (Hrsg.), Abbruch und Aufbruch. Sozialwissenschaften im Transformationsprozeß. Berlin, S. 60-75

IAB, Institut für Arbeitsmarkt- und Berufsforschung der Bundesanstalt für Arbeit 1993: Ein Arbeitsmarkt im Umbruch. Bestandsaufnahmen und Perspektiven. Werkstattbericht Nr. 19/12.10.1993

iw-trends 1990: Schwerpunkt: Bestandsaufnahme DDR: Infrastruktur – Sozialsystem, Reformen und Finanzierung. Institut der deutschen Wirtschaft, 17. Jahrgang 2/1990. Köln

Kant, Hermann 1994: Abspann. Erinnerung an meine Gegenwart. Berlin

Kollmorgen, Raj 1994: Zwischen Institutionentransfer und kulturellem Eigensinn: Theoretische Ansätze der Transformationsforschung in der Diskussion. Bericht über eine Tagung der KSPW am 7./8. Mai 1993. Berliner Journal für Soziologie 4, S. 431-435

Lepsius, Rainer 1991: Ein unbekanntes Land. Plädoyer für soziologische Neugierde. In: Bernd Giesen/Claus Leggewie (Hrsg.), Experiment Vereinigung. Ein sozialer Großversuch. Berlin, S.71-86

Ludwig, Udo 1994: Ostdeutschland: Wandel der Wachstumskräfte. Wirtschaft im Wandel 0/1994. Institut für Wirtschaftsforschung Halle. Halle, S. 3-8

Mnich, Eva 1993: Bürgerumfrage Halle 1993. Der Hallesche Graureiher 93-1. Forschungsberichte des Instituts für Soziologie der Martin-Luther-Universität Halle-Wittenberg. Halle

Mnich, Eva 1995: Bürgerumfrage Halle 1994. Der Hallesche Graureiher 95-3. Forschungsberichte des Instituts für Soziologie der Martin-Luther-Universität Halle-Wittenberg. Halle (in Vorbereitung)

Noelle-Neumann, Elisabeth/Köcher, Renate (Hrsg.) 1993: Allensbacher Jahrbuch der Demoskopie 1984-1992. Bd. 9. München/New York/London/Paris

Ogburn, William Fielding 1922: Social Change. With Respect to Culture and Original Nature. New York

Ogburn, William Fielding 1969: Kultur und sozialer Wandel. Neuwied und Berlin

OECD Wirtschaftsberichte 1991: Deutschland. Paris

Parsons, Talcott/Shils Edward A. and others (eds.) 1951: Toward a General Theory of Action. Cambridge, Harvard University Press

Parsons, Talcott 1960: Pattern Variables Revisited: A Response to Professor Dubin's Stimulus'. American Sociological Review 25, S. 467-483

Parsons, Talcott 1964: Evolutionary Unversals in Society. American Sociological Review 29, S. 339-357

Sahner, Heinz 1982: Theorie und Forschung. Zur paradigmatischen Struktur der westdeutschen Soziologie und zu ihrem Einfluß auf die Forschung. Opladen

Sahner, Heinz 1993: Der Dienstleistungssektor in der DDR und in den neuen Bundesländern. Zur Modernisierung der ostdeutschen Sozialstruktur. Der Hallesche Graureiher 93-2. Forschungsberichte des Instituts für Soziologie der Martin-Luther-Universität Halle-Wittenberg. Halle

Sahner, Heinz 1994: Leben in Halle. Ergebnisse der Bürgerumfrage 1993 im Vergleich. Der Hallesche Graureiher 94-1. Forschungsberichte des Instituts für Soziologie der Martin-Luther-Universität Halle-Wittenberg. Halle

Stadt Leipzig 1991: Leipziger Bürger über die wirtschaftliche und soziale Situation in ihrer Stadt. Rat der Stadt Leipzig. Amt für Statistik und Wahlen. Leipzig

Zapf, Wolfgang (Hrsg.) 1969: Theorien des sozialen Wandels. Köln/Berlin

Zapf, Wolfgang 1992: Entwicklung und Sozialstruktur moderner Gesellschaften. In: Korte, Hermann/Schäfers, Bernhard (Hrsg.), Einführung in Hauptbegriffe der Soziologie. Opladen, S. 181-193

Zapf, Wolfgang 1994a: Die Transformation in der ehemaligen DDR und die soziologische Theorie der Modernisierung. Berliner Journal für Soziologie 4, S. 295-305

Zapf, Wolfgang 1994b: Einige Materialien zu Gesellschaft und Demokratie im vereinten Deutschland. In: Ders., Modernisierung, Wohlfahrtsentwicklung und Transformation. Soziologische Aufsätze 1987 bis 1994. Berlin, S. 145-166

Reinhard Kreckel

Laudatio zur Ehrenpromotion von Prof. Dr. M. Rainer Lepsius, Martin-Luther-Universität Halle-Wittenberg, 26.10.1994

Sehr geehrter Herr Rektor, verehrte Frau Dr. Lepsius,
meine Damen und Herren!

Gestatten Sie mir bitte, daß ich mich jetzt und ganz besonders an Herrn Kollegen Lepsius wende. Denn zum einen bin ich persönlich sehr gerührt, gerade für ihn, bei dem ich – noch als Nebenfachstudent – vor Jahren in München meine ersten soziologischen Proseminare absolviert habe, diese kurze Laudatio sprechen zu können. Zum anderen weiß ich, daß Herrn Lepsius ebenso wie mir selbst jede Zeremonialisierung der eigenen Person tief zuwider ist.

So wird er mir verzeihen, wenn ich ihn, anstatt ihn zu zeremonialisieren, ein klein wenig instrumentalisieren möchte – instrumentalisieren für ein hochschulpolitisches Anliegen, das gerade hier in Halle sicherlich auf Verständnis stoßen wird:

Im Wintersemester 1992/93 hat sich der Fachbereich, für den ich hier stehe, der Fachbereich „Geschichte, Philosophie und Sozialwissenschaften" an unserer Universität durch die Wahl eines Fachbereichsrates neu konstituiert. Zur intellektuellen Standortbestimmung und zu seiner eigenen Selbstvergewisserung hat dieser Fachbereichsrat am Beginn seiner Tätigkeit eine Reihe von Grundsatzbeschlüssen verabschiedet. Dazu gehörte auch ein Richtungsbeschluß über ein Thema von besonderem symbolischen Wert – die Ehrenpromotion. Ich zitiere daraus:

> „Ehrenpromotionen (sollen) nur an herausragende Wissenschaftler verliehen werden..., die der Martin Luther-Universität in besonderer Weise verbunden sind".

Die hinter diesem Beschluß stehende Intention dürfte jedem Kenner sofort deutlich sein: Der Beschluß soll gewissermaßen der „Universitätshygiene" dienen. Allen Versuchungen, hochgestellte Politiker und einflußreiche Wirtschaftsführer (oder auch reisende Großprofessoren) mit einer Ehrenpromotion zu schmücken, soll damit vorgebeugt werden. Der Fachbereich „Geschichte, Philosophie und Sozialwissenschaften" bekennt sich vielmehr zu der Auffas-

sung, daß akademische Grade auch auf akademischem Gebiet verdient werden müssen.

Professor Lepsius hat sich die Hallesche Ehrenpromotion nun in der Tat
verdient – zum einen durch seine besonderen Verdienste um die Martin-
Luther-Universität, zum andern durch sein herausragendes wissenschaftliches
Lebenswerk. Zu beiden Punkten jetzt einige Worte:

Prof. Lepsius' besondere Verbindung zur Martin-Luther-Universität ist
durch seine überaus intensive und wirkungsvolle Tätigkeit als Vorsitzender
der Gründungskommission für die Errichtung eines Instituts für Soziologie in
Halle in den Jahren 1991/1992 zustandegekommen. Darüber hinaus hat er
auch beim Neuaufbau des Instituts für Politische Wissenschaft mitgewirkt.
Als erster geschäftsführender Direktor des nach seiner Auflösung in erheblich erweiterter Form neu gegründeten Instituts für Soziologie ist er in der
schwierigen Umbruchszeit persönlich in die Bresche gesprungen. Er hat die
Stellenpläne durchgesetzt, die neuen Studien- und Prüfungsordnungen lan-
ciert und vor allem die Neuberufungen so zügig auf den Weg gebracht, daß
in Halle als erstem Standort in den Neuen Bundesländern ein voll arbeitsfä-
higes und m. E. gut vorzeigbares Institut für Soziologie entstanden ist. Bestes
Erfolgskriterium sind die stetig wachsenden Studentenzahlen.

Zwei Gründe für den besonderen Erfolg von Prof. Lepsius hier in Halle
möchte ich eigens hervorheben: Zum einen konnte ihm der Neuaufbau in
Halle deshalb so gut gelingen, weil er hier gewissermaßen die Früchte seiner
sehr viel weiter ausgreifenden Bemühungen um den Neuaufbau einer weltof-
fenen Soziologie in den Neuen Bundesländern ernten konnte. Denn die für
die Erneuerung der Soziologie in Ostdeutschland maßgeblichen „Empfehlun-
gen des Wissenschaftsrates" vom 17.5.1991 tragen weitgehend seine Hand-
schrift. Vor allem ihm ist es zu verdanken, daß hier im Osten zum ersten
Male in Deutschland das Prinzip einer soliden Grundausstattung für das Fach
Soziologie durchgesetzt wurde. Viele westdeutsche Universitäten können davon nur träumen. Nicht zuletzt dank Lepsius' Einsatz ist so die Soziologie
einer der wenigen Bereiche geworden, wo mit dem innerdeutschen Institutionentransfer mehr erreicht worden ist als die bloße Fortschreibung des westlichen Status quo.

Ich möchte allerdings auch nicht verschweigen, daß es ein besonderes
Anliegen von Herrn Lepsius war, eine größere Anzahl von in der DDR ver-
ankerten professionellen Soziologen an der Universität zu halten. Das ist ihm
leider nicht im erhofften Maße gelungen.

Damit bin ich beim zweiten Grund für den insgesamt doch erstaunlich
erfolgreichen Neuaufbau der hiesigen Soziologie: Professor Lepsius war
selbstverständlich immer weit davon entfernt, in eine undifferenzierte Glori-
fizierung der DDR zu verfallen. Er hat sich aber – als einer von ganz wenigen integren Westdeutschen – schon lange vor der Wende aktiv mit der Soziologie in der DDR beschäftigt. Mit erheblichem Einsatz hat er mit dazu bei-

getragen, seinen großen Heidelberger Vorgänger Max Weber aus der Verfemung zu lösen und in der DDR wieder zugänglich zu machen. Er hat die DDR-Soziologen seit langem gekannt, und er wußte wohl zu unterscheiden. So hat es ihn persönlich sehr geschmerzt, daß mancher von ihm geschätzte ostdeutsche Kollege an der Wende gescheitert ist.

Lepsius' Ehrenpromotion beruht nun aber – wie bereits betont – nicht nur auf seinen wissenschaftspolitischen Verdiensten, die unserer Universität zugute gekommen sind, sondern mindestens ebensosehr auf seiner herausragenden wissenschaftlichen Leistung. Sie zu rühmen fällt mir – als seinem ehemaligen Studenten – ein wenig schwer. Dennoch will ich es versuchen.

Lepsius' Bedeutung für die Entwicklung einer modernen Sozialstrukturanalyse und politischen Soziologie in Deutschland ist einzigartig. Die Nachbardisziplinen Politikwissenschaft und Neuere Geschichte hat er dabei stets souverän miteinbezogen. Auch die Soziologiegeschichtsschreibung verdankt ihm viel. Dennoch möchte ich ihn vor allem einen herausragenden Theoretiker der modernen Soziologie nennen – und dies, obwohl er nie eine große Theorie und auch nur wenige explizit theoretische Abhandlungen geschrieben hat. Sein Element ist die „kleine Form", der zupackende und problemorientierte Aufsatz, wo sein luzider theoretischer Zugriff auf die soziale Wirklichkeit exemplarisch am konkreten Gegenstand dokumentiert wird. Viele seiner Aufsätze sind so bekannt geworden, daß man sie guten Gewissens als Klassiker bezeichnen kann – ich nenne nur: „Ungleichheit zwischen Menschen und soziale Schichtung" (1961), „Kritik als Beruf" (1964), „Soziale Ungleichheit und Klassenstrukturen in der Bundesrepublik Deutschland" (1979), „Nation und Nationalismus in Deutschland" (1982) oder „Das Erbe des Nationalsozialismus und die ‚politische Kultur' der Nachfolgestaaten des Großdeutschen Reiches" (1989) – ein Thema, an das er in seinem heutigen Vortrag wohl wieder anknüpfen wird.

Ein systematisches Theoriegebäude hat Lepsius freilich nicht entwickelt. Weder sein persönliches Temperament noch sein intellektuelles Credo als Weberianer machen ihn zum Systembildner. Dennoch, in dem Titel eines seiner Bücher – nämlich: „Ideen, Interessen und Institutionen" (1990) – steckt ein anspruchsvolles theoretisches Programm für die Soziologie, und zwar für eine Soziologie, die auf einer konflikttheoretischen Interpretation des Werkes von Max Weber aufbaut. Das heißt, Lepsius versucht, den handlungstheoretischen Idealismus Parsonianischer Prägung, der für die Analyse konkreter Handlungssituationen mit dem Wechselspiel von (Wert-)Ideen und deren sozialer Institutionalisierung (und Internalisierung) auskommen möchte, auf festen Boden zu stellen, indem er an die Interessenbindung von Ideen und Institutionen erinnert. So schreibt er:

„Interessen sind ideenbezogen, sie bedürfen eines Wertbezuges für die
Formulierung ihrer Ziele und für die Rechtfertigung der Mittel, mit denen diese Ziele verfolgt werden. Ideen sind interessenbezogen, sie kon-
kretisieren sich an Interessenlagen und erhalten durch diese Deutungs-
macht. Institutionen formen Interessen und bieten Verfahrensweisen für
ihre Durchsetzung, Institutionen geben Ideen Geltung in bestimmten
Handlungskontexten. Der Kampf der Interessen, der Streit über Ideen,
der Konflikt zwischen Institutionen lassen stets neue soziale Konstella-
tionen entstehen, die die historische Entwicklung offen halten. Aus Interessen, Ideen und Institutionen entstehen soziale Ordnungen, die die Lebensverhältnisse, die Personalität und die Wertorientierungen der Menschen bestimmen."

Als theoretische Grundorientierung ist das bestechend. Dem gängigen soziologischen Idealismus, dem allein das als „wirklich" gilt, was von den betroffenen Menschen selbst für wirklich gehalten wird, und der deshalb den „Ideen"
das theoretische Primat zuschreiben muß, wird von Lepsius das Konzept der
„Interessen" als Korrektiv zur Seite gestellt: Keine Ideen ohne Interessen,
keine Interessen ohne Ideen – und beide artikulieren und verbinden sich in
den Instititutionen. Mit dieser Maxime gelingt es Lepsius, dem hilflosen Ide-
en- und Kulturrelativismus in der Soziologie ebenso die Stirn zu bieten wie
dem doktrinären Materialismus. Seine virtuosen Texte sind Lehrbeispiele für
eine historisch gesättigte, theoretisch ausgefeilte und von Weber'scher Ver-
antwortungsethik beflügelte Institutionenanalyse, die allen Soziologen ein
Vorbild sein sollte.

Doch genug der Lobreden, die Herrn Lepsius ohnehin nicht behagen. Er
brennt gewiß schon darauf, uns jetzt mit seinem Vortrag zeigen zu können,
was der nüchterne Tatsachenblick seiner Soziologie für uns zu leisten vermag.

M. Rainer Lepsius

Das Legat zweier Diktaturen für die demokratische Kultur im vereinigten Deutschland

I

Die letzte Bundestagswahl hat deutlich gezeigt, daß die politische Kultur zwischen Ost- und Westdeutschland noch erhebliche Unterschiede aufweist. Am deutlichsten kommt dies in den Stimmenanteilen der PDS in Berlin zum Ausdruck. Sie erreichte im Ostteil der Stadt 34,7% und im Westteil nur 2,6%. Auch die Wahlen zu den Landtagen in Mecklenburg-Vorpommern und Thüringen brachten Ergebnisse, die die ostdeutsche Eigenprägung klar zeigen: Die PDS erreichte 22,7% bzw. 16,6% der Stimmen. Seit 1990 konnte sie in Ostdeutschland rund 9% Wählerstimmen dazugewinnen.

Dieser Umstand ist in mehrfacher Hinsicht bemerkenswert. In der alten Bundesrepublik erreichte keine Partei neben CDU/CSU und SPD jemals einen solch hohen Stimmenanteil. Es gab auch keine Partei dieser Größe, die als nicht koalitionsfähig galt. Die Konsequenzen liegen in der Problematik der Regierungsbildung in Mecklenburg-Vorpommern und in Thüringen, früher auch in Sachsen-Anhalt, auf der Hand. Je größer die Fraktionen der als nicht koalitionsfähig geltenden Parteien sind, desto notwendiger wird die Bildung von großen Koalitionen zwischen CDU und SPD, und eben dies entspricht nicht dem Prinzip der parlamentarischen Demokratie, der kleinsten mehrheitsbildenden Koalition und der starken Opposition.

Die Problematik, die sich mit der PDS verbindet, ist das von ihr repräsentierte und ihr zugeschriebene Erbe der SED-Herrschaft in der DDR. Für sie und ihre Wähler ist die DDR noch immer der Bezugspunkt für die politische Urteilsbildung. Sicherlich nicht eine DDR im krassen Sinne der damaligen Diktatur mit ihren Unterdrückungsmethoden, ihrer Beschränkung der persönlichen Freiheit für alle Bürger, ihren ökonomischen Minderleistungen. Aber doch eine DDR als ein sozialistischer Wohlfahrtsstaat mit einer obrigkeitsbezogenen, hierarchischen Entscheidungsstruktur. Auch heute wird von vielen Ostdeutschen beklagt, es werde zuviel geredet, nicht rasch genug entschieden und gehandelt. Ein Gemeinwesen pluralistischer Interessenvielfalt mit einer durch unterschiedliche Verfahren strukturierten Willensbildung und einer justizförmigen Konfliktlösung erscheint vielen noch fremd. Die PDS ist die fortdauernde Artikulation des Vorbehaltes, wenn nicht der Ablehnung der Grundordnung der Bundesrepublik. Dies mag aufbauen auf dem Gefühl der Minderberechtigung, der Bevormundung, der Ungleichheit in den sozialen Lebenslagen, es begründet sich aber auch aus dem Gefühl der Distanz zur politischen Kultur der Bundesrepublik. Die Repräsentanten der PDS sind naheliegenderweise Apologeten der DDR, deren Strukturmängel sie im dunkeln lassen, und Kritiker der Staats-, Rechts-, Sozial- und Wirtschaftsordnung der Bundesrepublik.

Die vieldiskutierte „Mauer in den Köpfen", das eingeklagte Bedürfnis nach Verständnis für die Ostdeutschen, das Verlangen nach „Parität" zu Westdeutschland sind – vertraut man den PDS-Wahlerfolgen – in den letzten vier Jahren gewachsen, und dies nicht etwa bei den älteren, sondern bei den jüngeren Alterskohorten. Im Westen fühlen sich viele bemüßigt, die PDS und vor allem ihre Wähler nicht auszugrenzen, man müsse sie einbeziehen und integrieren. Dies klingt plausibel. Doch gilt es, darauf zu achten, daß die demokratischen Prinzipien der Bundesrepublik nicht in eine Schieflage kommen, nicht in ihrer Begründung verschwimmen. Überlegungen, Minderheiten-Kabinette zu bilden, die von Fall zu Fall auf wechselnde Mehrheiten angewiesen sind oder die Gesetzgebung gar dauerhaft mit Unterstützung der PDS vollziehen, gehören zu solchen Integrationsbemühungen, die geeignet sind, die Grundprinzipien der politischen Kultur zu verändern und zu verschleifen. Solange die PDS in der Nachfolge der SED steht, solange ist ihre politische Einbindung in Regierungen schon deswegen bedenklich, weil damit zugleich die politische Kultur der DDR-Diktatur nicht klar als Gegenbild der politischen Kultur der Bundesrepublik hervortreten kann. Das Plädoyer, das etwa Egon Bahr im *Spiegel* vom 24. Oktober 1994 für die „Aussöhnung", den „Respekt vor dem Wählerwillen" und damit auch für die Einbindung der PDS in Landesregierungen gehalten hat, vermischt die notwendige Integration der Menschen aus der ehemaligen DDR mit der institutionellen Ordnungsfrage der Einbeziehung von politischen Organisationen in der Nachfolge der SED-Diktatur in demokratische Willensbildungs- und Entscheidungsprozesse. Letzteres ist keine Frage des Verständnisses für Personen, sondern eine Entscheidung für die Eindeutigkeit institutionalisierter Wertbeziehungen.

Alle Bürger der ehemaligen DDR – gleich welcher politischer Vergangenheit und heutigen Einstellung – sind als Staatsbürger der Bundesrepublik vor Diskriminierung durch Art. 3 GG geschützt. Niemand, so heißt es dort, „darf wegen seines Geschlechts, seiner Abstammung, seiner Rasse, seiner Sprache, seiner Heimat und Herkunft, seines Glaubens, seiner religiösen oder politischen Anschauungen benachteiligt oder bevorzugt werden." Bei allem Verständnis für jeden einzelnen und dem gebotenen Respekt vor seiner Biographie kann daraus nicht folgen, daß das politische, soziale und wirtschaftliche System der DDR verständnisvolle Nachsicht und über diese auch Geltungsansprüche im vereinigten Deutschland finden kann.

Auch Ideen zur Einrichtung von „runden Tischen", an denen das „beste" Argument gewinnen könne, auch wenn es nicht von einer Gruppe stamme, die eine Mehrheit in der gesetzgebenden Körperschaft habe, sind systemwidrig innerhalb einer parlamentarischen Demokratie. Diese ruht auf Verfahren formaler Rationalität, die nicht durch punktuellen materialen Konsens gebrochen werden dürfen. Das ist vielleicht die schwierigste Einsicht, die nicht immer leicht zu akzeptieren ist, auf der aber die Legitimität der Mehrheitsentscheidung basiert. Wenn man diese – zur Zeit ja heftig diskutierten – Problemlagen betrachtet, kann man sagen, wie es der Obertitel zu unserem Kolloquium ausdrückt: Veränderungen im Osten haben ihre Rückwirkungen auf den Westen, nicht nur in ökonomischer Hinsicht, sondern auch im politischen Selbstverständnis und in der politischen Praxis.

Die Aufgabe, die sich stellt, erschöpft sich nicht in einem gegenseitigen „Geben und Nehmen", einem „Verstehen der Unterschiede", einer Anpassung der Ordnungsprinzipien der alten Bundesrepublik an die Sonderbedingungen Ostdeutschlands für die Krisenbewältigung in dieser Region. Für die politische Kultur des vereinigten Deutschlands kommt es darauf an, die Grundprinzipien der Ordnungen, ihre institutionalisierten Wertbeziehungen und ihre verfahrensmäßigen Konkretisierungen zu verdeutlichen.

II

Die politische Kultur einer Demokratie steht im scharfen Gegensatz zur politischen Kultur einer Diktatur, und insoweit ist das, was man „Aufarbeitung von Geschichte und Folgen der SED-Diktatur in Deutschland" nennt, von großer Bedeutung. Der Deutsche Bundestag hat dazu eine Enquete-Kommission eingesetzt und ihr den Auftrag erteilt, die „totalitären Herrschaftsstrukturen der DDR-Diktatur" zu analysieren, den „Opfern... historische Gerechtigkeit widerfahren" zu lassen, „einen Beitrag zur inneren Vereinigung der Deutschen" und „zur Vergewisserung des demokratischen Grundkonsens im vereinigten Deutschland" zu leisten. Dem dienen auch zahlreiche andere Untersuchungen, Dokumentenpublikationen, biographische Erinnerungen und die Auswertung der personenbezogenen Stasi-Akten. Häufig stehen dabei die Personalisierung von Systemeigenschaften und, daran anknüpfend, die Moralisierung des Verhaltens von einzelnen im Vordergrund. Doch das Spitzelsystem, die Erpreßbarkeit und Opportunitätskalküle sind nicht die Ursachen, sondern die Folgen der SED-Diktatur. Moralische

Urteile müssen die Handlungskontexte beachten, innerhalb derer sich Menschen verhalten haben, und diese wurden durch Eigenschaften der politischen, wirtschaftlichen und sozialen Ordnung der DDR bestimmt. Aus der Herausarbeitung der Systemeigenschaften und ihrer Folgen für die Lebensführung und die Selbstwahrnehmung der Menschen ergeben sich Einsichten für das Funktionieren einer undemokratischen Ordnung, aber nicht für das Verständnis einer demokratischen Ordnung.

„Die Aufarbeitung der SED-Diktatur" hat für die Formung einer gesamtdeutschen politischen Kultur eine wichtige, aber asymmetrische Bedeutung. Sie bezieht sich auf ein Herrschaftssystem, das ein „Gehäuse der Hörigkeit" für diejenigen darstellte, die unter seinen Bedingungen gelebt haben. Aber das sind eben nur 20% der Bevölkerung des vereinten Deutschlands. Sie können ein Interesse daran haben zu wissen, wie das System funktionierte, das sie erlebt, aber nur unvollkommen verstanden haben. Für sie ist es wichtig, die Herrschaftstechnik kennenzulernen, die von der SED soweit wie möglich „geheim"gehalten wurde und der sie unterworfen waren. Für sie ist es notwendig, die Ideologie der DDR, in die sie systematisch sozialisiert wurden, kritisch zu reflektieren. Für sie ist es möglicherweise hilfreich, die strukturellen Grundlagen für den zuweilen als belastend empfundenen Grad der eigenen Konformität zu erkennen. Die Mängel in der Versorgung, die Beschränkung der eigenen Handlungsräume, das Pathos der ritualistischen Fügsamkeitsappelle sind leicht erkennbar gewesen. Die Tiefenproblematik von Diktaturen liegt in der kognitiven Prägung von Kategorien zur Wirklichkeitserfassung und in Kriterien der Urteilsbildung, ohne daß dies dem einzelnen immer deutlich wird. Ideologie und Alltagserfahrung der DDR haben Ordnungsvorstellungen und Urteilskriterien ausgebildet, denen die Menschen unterlagen, auch jene, die zu dem DDR-System keine emotiven oder normativen Beziehungen entwickelt hatten.

Die SED-Diktatur hat die politische Kultur schärfer definiert und kontrolliert als die Alltagskultur. Abgrenzung gegenüber der politischen Ordnung der Bundesrepublik verband sich mit Hinnahme von Elementen der westlichen Alltagskultur, die über die Medien Eingang in die DDR gefunden hatten. Kleidermoden, Unterhaltungsmusik, Konsumstandards, Filme des Westens waren auch in der DDR bekannt. Die politische Kultur aber blieb fremd, und was etwa das Fernsehen aus der Bundesrepublik berichtete, war für die Bevölkerung in der DDR praktisch bedeutungslos, abstrakt und unverständlich. Nur eine kleine Minderheit von Synodalen der evangelischen Kirche war mit den Verfahren und Inhalten einer demokratischen Willensbildung und Entscheidungsfindung vertraut; aus ihrem Kreis gingen dann auch viele Bürgerrechtler der ersten Stunde hervor, die an „runden Tischen" verhandeln konnten.

Der Übergang von einer autoritären zu einer demokratischen politischen Kultur ist deswegen besonders schwierig, weil die Wertbeziehungen der politischen Kultur relativ abstrakt sind und ihre Institutionalisierung in pluralen Organisationen komplex ist. Der bekannte Ausspruch von Bärbel Bohley: „Wir haben Gerechtigkeit gefordert und den Rechtsstaat bekommen", bringt die Schwierigkeit des Übergangs auch bei denjenigen, die in der Opposition zur DDR standen, plastisch zum Ausdruck. Auch die alte Bundesrepublik war an ihrem Anfang, wie man sagte, eine Demokratie ohne Demokraten, was nicht heißen sollte, die Menschen seien gegen die Demokratie, wohl aber, daß sich erst langsam eine politische Kultur entwickelte, die den Wertprinzipien und Funktionsweisen der Demokratie entsprach.

So wichtig die „Aufarbeitung der Vergangenheit" für jenen Teil der Ostdeutschen ist, der sich überhaupt einer differenzierten Reflexion der DDR aufschließen, sich ihr auch aussetzen will, so bleibt sie doch für die Westdeutschen ohne existentielle Komponenten und normative Konsequenzen. Die Westdeutschen können von der Aufarbeitung der DDR-SED-Geschichte wenig lernen. Sie wußten immer schon, daß die DDR ökonomisch untereffizient, demokratisch defizitär, in den Bürgerrechten eingeschränkt und ohne Öffentlichkeit war. Jeder Grenzübergang – auch nur im Transitverkehr – machte das augenfällig. Der Ausweis der Funktionsweisen im einzelnen fügt dieser Grundwahrnehmung nichts Wesentliches hinzu. Immerhin können bessere Kenntnisse über die Bedingungen, unter denen Ostdeutsche ihr Leben führen mußten, das Verständnis für ostdeutsche Biographien und Befindlichkeiten erhöhen. Doch das, was Ostdeutsche häufig und sicher zu Recht bemängeln, die „Kälte" und die „Ferne", die sie an den Westdeutschen wahrnehmen, kann dadurch nicht aufgehoben werden. Es fehlt den Westdeutschen die tatsächliche Betroffenheit, die Erfahrung der Steuerung des Lebenslaufs durch die Partei- und Staatsstruktur und die existentielle Verarbeitung dieser Lebenssituation in der eigenen Biographie, ihrer Konstruktion und Rekonstruktion. Gewiß haben die Ostdeutschen einen Anspruch auf Interesse, ja Zuwendung, aber immer nur als einzelne. Aus ihren kollektiven Erfahrungen und Betroffenheiten, die vom System der DDR nicht ablösbar sind, können die Westdeutschen für die politische Kultur im vereinigten Deutschland nichts „lernen". Wolfgang Thierse (in: Klaus Sühl, Vergangenheitsbewältigung, S. 30f.) ist zuzustimmen, wenn er meint, daß die Aufarbeitung der Vergangenheit eine Form der „politisch moralischen Selbsterziehung und der Selbsterneuerung" sei, an der auch die Westdeutschen teilzunehmen hätten. Doch für die von ihm geforderte „Bereitschaft, am Status quo der alten Bundesrepublik etwas zu ändern", bietet die Analyse der DDR-Diktatur keine konstruktiven Argumente, Beispiele oder Ordnungsmodelle. Die Selbstkritik der Bundesrepublik folgt anderen Ordnungskriterien. Die Aufarbeitung der DDR-Diktatur bleibt so – wie schon gesagt – von asymmetrischer Relevanz für die politische Kultur des vereinigten Deutschlands. Sie verstärkt allenfalls ein ostdeutsches Sonderbewußtsein, akzentuiert den Unterschied zwischen Ost- und Westdeutschen, verbindet beide nicht.

III

Die deutsche Geschichte ist kompliziert. Sie hat keine Geschlossenheit, ist mehrfach gebrochen. Die Deutschen sind das einzige Volk in Europa, das an den beiden großen Bewegungen des 20. Jahrhunderts gegen die parlamentarische Demokratie, gegen das Projekt der Zivilgesellschaft, an der faschistischen und der kommunistischen, aktiv teilgenommen hat. Daß wir am Ende des Jahrhunderts doch wieder vereint in der Welt der Bürgerrechte, der institutionalisierten Konflikte, der Sicherung der individuellen Freiheit und der Rechtssicherheit leben, verdanken wir Deutsche nicht uns selbst. Ohne Amerika wäre dieser Zustand nicht erreicht worden. Der selbstzerstörerische Zusammenbruch Europas im Ersten Weltkrieg begründete das amerikanische Jahrhundert. Die Entschlossenheit und innere Kraft der Vereinigten Staaten haben die Angriffe auf den „westlichen Geist" abgewehrt. Unsere Geschichte ist insofern auch die Geschichte des Überlebens der Demokratie in Amerika, in West- und Nordeuropa.

Die demokratische Kultur in Deutschland hat natürlich auch deutsche Wurzeln, aber sie war die Minderheitskultur im Kaiserreich und in der Weimarer Republik, sie wurde unter dem Nationalsozialismus verfolgt und zerstört und in der DDR nicht wiederbelebt. Die Ausgangskonstellation der Geschichte des vereinigten Deutschlands ist daher die Weimarer Republik und ihre Zerstörung. Der Nationalsozialismus, der Zweite Weltkrieg und die Besetzung sind die letzten gemeinsamen historischen Bezugsereignisse für die beiden deutschen Nachkriegsstaaten. Sie haben sich folgerichtig als Antworten auf den Nationalsozialismus verstanden: die DDR als antifaschistische Neugründung, die Bundesrepublik als Restauration der Demokratie in der Kontinuität der deutschen Geschichte. Formal waren beide deutsche Staaten „post-faschistisch", inhaltlich aber zogen sie daraus ganz verschiedene Konsequenzen.

Aus der kommunistischen Perspektive war der Faschismus das notwendige Ergebnis des Kapitalismus, dessen Krise zum „offenen Klassenkampf" im Gewand der nationalistischen Massenmobilisierung und zur imperialistischen Diktatur führte. Die Lehre, die daraus gezogen wurde, war der „Typenwechsel" der Gesellschaft, der Sprung vom Kapitalismus in den Sozialismus und der Glaube an die sich entwickelnde kommunistische Gesellschaft. Der Faschismus sollte mit der Aufhebung des Privateigentums an den Produktionsmitteln strukturell und prinzipiell überwunden werden. Er war Vorgeschichte der DDR. Die Erinnerung an die Opfer diente der Heroisierung der kommunistischen Bewegung und ihrer sich aufopfernden Kämpfer. Die neue Diktatur rechtfertigte sich durch die alte, die Herrschaftsordnung blieb undemokratisch und autoritär, an das sowjetische Modell gebunden.

Für die Bundesrepublik war der Nationalsozialismus das Ergebnis des Zusammenbruchs der Weimarer Republik, der inneren Schwäche der Demokratie in der Weltwirtschaftskrise. Durch eine neue Institutionenordnung, den Aufbau von demokratischen Wertbeziehungen und Verhaltensformen sollte ein Gemeinwesen entstehen, das dem Modell der westlichen Zivilgesellschaft entsprach und die Lehren aus dem Nationalsozialismus zog. Nationalsozialismus und politische Diktatur, Krieg und Holocaust wurden zu einem Legat, aus dem sich die Kriterien herausbildeten, über die sich der Zustand des westdeutschen Gemeinwesens zu reflektieren hatte.

Die Bezugnahme auf die letzte gemeinsame Geschichtsperiode der beiden deutschen Nachkriegsstaaten, auf den Nationalsozialismus, das beide betreffende Legat, hatte unterschiedliche Konsequenzen. Für die DDR galt die Diktatur des Proletariats unter Führung der marxistisch-leninistischen Partei als die abgeschlossene „Bewältigung der Vergangenheit". Für die Bundesrepublik blieb der Nationalsozialismus und seine Folgen Bezugskriterium für die dauernde Funktionsprüfung von Demokratie, Verfassungsstaat und Sozialordnung. Aus der zweiten deutschen Diktatur kann für die Westdeutschen nur eine neuerliche Bekräftigung der demokratischen Wertbeziehungen abgeleitet werden, sie begründet diese nicht mehr. Für die Ostdeutschen ist die Lage umgekehrt. Für sie ist die zweite Diktatur das Legat, das Selbstverständnis und Wertbeziehungen bestimmt. Der Nationalsozialismus liegt für sie zu weit zurück, ist auch in der DDR-Zeit in einer spezifischen Weise gedeutet und selektiv für die Eigenlegitimation der DDR verbraucht worden.

Mir scheint, man kann nicht davon ausgehen, daß für Ost- und Westdeutsche eine gemeinsame Erfahrungsbasis für eine demokratische politische Kultur hergestellt werden kann, es sei denn, man setzt beide Diktaturen in eine funktionale Äquivalenz. Doch der Vergleich zwischen den beiden Diktaturen kann nicht direkt und unvermittelt vorgenommen werden. Zu viele Eigenschaften sind andersartig in der Wertbegründung, der Legitimitätskonstruktion, der Institutionenordnung und – insbesondere – im Verbrechensgehalt der beiden Regime. Ein Vergleich ist nur möglich über ein Vergleichskriterium, das es erlaubt, die Eigenschaften der beiden Diktaturen zu erfassen, ohne sofort an ihrer Unterschiedlichkeit zu scheitern. Diesen Vergleichsmaßstab bietet die Demokratie, auf die bezogen sich beide Diktaturen analysieren und ihre jeweiligen gemeinsamen und unterschiedlichen Eigenschaften bestimmen lassen. Beide Diktaturen erweisen sich dann als je spezifische Negationen der Ordnungsideen von Demokratie, Rechtsstaatlichkeit, Bürgerrechten und Öffentlichkeit, sie richteten sich ausdrücklich gegen die Postulate des Programms der Zivilgesellschaft. Aus der Evidenz ihres Zusammenbruchs, des Nationalsozialismus nach zwölf Jahren durch äußere Niederwerfung und des Kommunismus nach siebzig Jahren durch inneren Zerfall, haben beide Ordnungsentwürfe ihren Legitimitätsanspruch und den

Legitimitätsglauben verloren. Doch aus beiden Diktaturen kann sich die Demokratie nicht positiv begründen. Nur wenn man sie – so unterschiedlich und zum Teil gegensätzlich sie auch waren – als ausdrückliche Negationen einer demokratischen Ordnung versteht, kann man erkennen, welche Folgen mit nichtdemokratischen Ordnungen totalitärer Art verbunden sein können. Das Legat aus den beiden deutschen Diktaturen für die demokratische Kultur im vereinigten Deutschland ist die Verschärfung der Wahrnehmung und die bewußte Beachtung der Geltung der Prinzipien einer demokratischen Staats- und Gesellschaftsordnung.

IV

Die Demokratie beruht auf Wertentscheidungen, die eine institutionalisierte Fassung erhalten und Organisationsformen und Verhaltensweisen bestimmen. Die Ideen der Demokratie gewinnen Handlungsrelevanz durch Verfahren und durch die Akzeptanz der Austragungsformen für Interessengegensätze. Der Legitimitätsglaube hat sich im Kampf von Interessen zu bewähren, er bekräftigt sich durch die Art der Konfliktlösungen, Kompromisse und öffentlichen Debatten.

Am Anfang der alten Bundesrepublik stand ein Austausch der politischen Institutionen, der in der Erwartung eines materiellen und moralischen Neubeginns nach dem Zusammenbruch des Nationalsozialismus akzeptiert wurde. Erst im Laufe der Jahre bildete sich bei der Mehrheit der Bürger ein Systemvertrauen heraus, stellte sich eine Praxis demokratischer Verhaltensweisen ein. Noch bis in die sechziger Jahre galt ein Vorbehalt gegenüber der Verankerung der Demokratie in der politischen Kultur, wurde von einer „Schönwetter-Demokratie" gesprochen, von der man nicht wisse, ob sie auch schwere Belastungen aushalten könne. Für Ostdeutschland stand am Anfang ebenfalls ein plötzlicher und tiefgreifender Austausch der Institutionen, der auch die Wirtschaftsordnung erfaßte. Es wäre unhistorisch und soziologisch unbegründet zu erwarten, daß in Ostdeutschland eine vierzigjährige Verspätung des Übergangs zur Demokratie in wenigen Jahren aufgeholt, eine politische Kultur entwickelt werden könnte, die derjenigen Westdeutschlands entsprechen würde. Der Übergang von 1990, der Beitritt zum Geltungsbereich des Grundgesetzes, wurde getragen von großen Erwartungen materieller und ideeller Art. Sie waren sehr viel höher als diejenigen in Westdeutschland 1948/49. Die Ausgangslagen waren auch völlig andere, damals die Notlage der Kriegs- und unmittelbaren Nachkriegszeit, jetzt die Mangellage eines sozialistischen Wohlfahrtsstaates. Es bestanden andere Kriterien für die Erwartungen, für die Bereitschaft, die Bedürfnisbefriedigung zu vertagen, die

Anspruchshöhe an die Leistungsfähigkeit der neuen Ordnung anzupassen. Der Erwartungsdruck war also in Ostdeutschland höher, er wurde auch noch im Jahr 1990 durch die Art der Währungsreform erhöht und durch irrige Vorstellungen über die Schnelligkeit der wirtschaftlichen Rekonstruktion gestützt.

Der Institutionentransfer unterliegt in Ostdeutschland einer außerordentlichen Bewährungsprobe. Er muß nicht nur die erwartete Verbesserung der Lebenslage bewirken, er steht auch unter dem normativen Anspruch der staatsbürgerlichen Gleichheit, der Verwirklichung „der Einheitlichkeit der Lebensverhältnisse im Bundesgebiet" (Art. 106, Abs. 3, Zif. 2 GG). Diesen Erwartungen stehen gegenüber die Erfahrungen der ungewohnten Arbeitslosigkeit, des Zusammenbruchs der Industrieproduktion und die Neuordnung der Eigentumsverhältnisse. Solange als Vergleichsmaßstab die lebendigen Erinnerungen an die politischen Beschränkungen und die mangelhafte Versorgung in der DDR dienen, kann für die Umstellungen im Zuge des Institutionentransfers eine hinreichende Anpassungselastizität angenommen werden. Doch je mehr dieser Vergleichsmaßstab zurücktritt oder nur für einzelne Lebensbereiche, etwa die damals nicht vorhandene Arbeitslosigkeit und die umfassendere Kinderbetreuung, in Anspruch genommen wird, nimmt die Enttäuschung eher zu als ab, auch wenn sich die Lage im ganzen verbessert. Die Legitimität der neuen Ordnung unterliegt Effizienzkriterien, die höher sind, als es 1949 der Fall war.

Auf die Frage, ob „alles in allem gesehen" ihre Lage im Vergleich zur Zeit vor der Wende besser oder schlechter sei, antworteten die Ostdeutschen im März 1992, im April 1993 und im September 1994 gleichmäßig: besser 54%, schlechter 18% (Forschungsgruppe Wahlen, Politbarometer 94/93 und 09/94). Die allgemeine und die eigene wirtschaftliche Lage wurde durch die Ostdeutschen ganz unterschiedlich beurteilt. Jeweils in den Sommermonaten meinten:

die allgemeine wirtschaftliche Lage sei				die eigene wirtschaftliche Lage sei			
	1992	1993	1994		1992	1993	1994
schlecht	60%	60%	41%	schlecht	14%	13%	13%
gut	2%	2%	5%	gut	30%	36%	39%

(Forschungsgruppe Wahlen, Politbarometer 09/92, 09/93, 09/94)

Auch wenn die eigene wirtschaftliche Lage sich stabilisiert und von einer wachsenden Zahl von Personen als gut beurteilt wurde, so wird doch die allgemeine Lage sehr kritisch gesehen.

Mit der Angleichung der Lebensverhältnisse in Ostdeutschland an diejenigen in Westdeutschland waren

	Nov. 1992	April 1993	Nov. 1993
zufrieden	26%	29%	33%
unzufrieden	74%	71%	67%

(Forschungsgruppe Wahlen, Politbarometer 09/93)

Im ganzen waren die Erwartungen an die Vereinigung offenbar so groß, der erstrebte Zustand lag so klar vor Augen, daß die tatsächliche Entwicklung diese Erwartungen nicht einholen konnte. Mit der Vereinigung gehe es schlechter als erwartet, meinten 49% im Mai 1992, 59% im Mai 1993, 49% im Juni 1994. (Forschungsgruppe Wahlen, Politbarometer 10/93).

Überblickt man diese Befunde der Meinungsforschung, so ergibt sich das Bild einer langsam steigenden positiven Bewertung der neuen Ordnung, ohne daß die Erwartungen als erfüllt gelten. Je weiter die Verhältnisse in der DDR im Bewußtsein zurücktreten oder nur selektiv erinnert werden, desto stärker treten als Vergleichsmaßstab die westdeutschen Zustände in den Vordergrund und damit auch die bestehenden erheblichen Unterschiede. Daraus ergibt sich weniger ein Bewußtsein der individuellen als der kollektiven Unterprivilegierung. Der gewaltige Anpassungsdruck, der auf den Ostdeutschen angesichts des plötzlichen und radikalen Institutionentransfers lag und immer noch liegt, scheint sich auf der technischen Ebene, der Beherrschung der für den Alltag wichtigen Regeln, zu entspannen. Doch das Institutionensystem als ganzes erscheint aufgestülpt, von Westdeutschen (möglicherweise zu deren Vorteil) monopolisiert und in seinen Verfahren nicht immer überzeugend. Trotz der beträchtlichen Verbesserung der Lebensverhältnisse, der Infrastruktur, der Reise- und Meinungsfreiheit, des Kaufkrafttransfers von jährlich rund 150 Mrd. DM besteht Unzufriedenheit. Daraus folgt die Aktivierung eines Kollektivbewußtseins als Ostdeutsche, ein Rückzugsverhalten in homogene Verkehrskreise und eine Distanz zur Staats- und Wirtschaftsordnung der Bundesrepublik. Dies kommt in der geringen Wahlbeteiligung bei den Landtagswahlen 1994 (die nicht mit der Bundestagswahl verbunden waren) zum Ausdruck. Sie betrug in Sachsen-Anhalt 54,9%, in Brandenburg 56,2% und in Sachsen 58,4%. Nur wenige Personen sind bereit, in Parteien, Bürgerinitiativen und in den Kommunen mitzuwirken. Es entwickelt sich eine Art Minderheitenbewußtsein gegenüber den Westdeutschen. Dafür gibt es viele gute Gründe. In unserem Zusammenhang mag dabei eine Rolle spielen, daß die Ostdeutschen verminderte Partizipations- und Durchsetzungschancen im gesamtdeutschen Willensbildungs- und Entscheidungssystem zu haben glauben, die sie als ungerecht und diskriminierend empfinden.

Das ist keine günstige Situation für die Entwicklung einer gemeinsamen demokratischen politischen Kultur im vereinigten Deutschland. Eine Institutionenordnung bedarf sowohl der Zustimmung zu ihren Wertbeziehungen als auch der positiven Bewertung ihrer Funktionsweisen. Aus der Alltagserfahrung, der Einlösung von Erwartungen, der Akzeptanz von nicht befriedigten Interessen, aus der Selbstlegitimation von Ungleichheiten über gleiche Teilnahmeverfahren ergibt sich auf die Dauer ein Systemvertrauen, das der Ausdruck einer geteilten politischen Kultur ist. Dieses Systemvertrauen wächst langsam über wiederholte und sich bestätigende Alltagserfahrungen. Gerade diese sind aber im noch andauernden Transformationsprozeß höchst unterschiedlich und führen zu immer neuen kognitiven Dissonanzen. Die Auflösung von Konstanten der bisherigen Lebensführung, die staatliche Beschäftigungsgarantie, Berufsplanung, Wohnungszuteilung, umfassenden Kinderbetreuungseinrichtungen erzwang eine außerordentliche Mobilität, Anpassungsbereitschaft, Aufgabe von vertrauten Lebensformen, führte zu einem Gefühl der Unsicherheit statt zum Aufbau von Systemvertrauen. Das Ergebnis ist eine eher wachsende Distanz zur Institutionenordnung Westdeutschlands, eine Indifferenz gegenüber den Wertbeziehungen der demokratischen Ordnung.

Die DDR hatte eine öffentliche politische Kultur entwickelt, die keine Ansätze für eine demokratische Institutionenordnung bietet. Es ist weder aus ihr noch aus den seinerzeit bestehenden Institutionen etwas in das vereinigte Deutschland zu übertragen. Die DDR war weder eine Demokratie noch ein Rechtsstaat. Das letztere bedeutet ja nicht, daß es Rechtsnormen gibt und daß Gerichte bestehen, sondern daß Exekutive und Rechtsprechung an Gesetz und Recht gebunden und über diese kontrolliert werden können, daß überdies die Gesetzgebung im Rahmen einer demokratischen Verfassungsordnung erfolgt (Art. 20 GG). Die DDR kannte keine autonomen intermediären Institutionen, keine freie Vergesellschaftung von Interessen, keine Öffentlichkeit. Es fehlen daher die Erfahrungen mit dem Funktionieren einer demokratischen Ordnung und deren Voraussetzungen. Deshalb begründet sich ein Teil der Kritik der Ostdeutschen an der neuen Ordnung auf einer tradierten politischen Kultur, die einen paternalistischen Versorgungsstaat als Adressaten für Erwartungen hatte und auf Zuteilungsverfahren eingestellt war, die weder marktwirtschaftlich noch durch konkurrierende Interessenlagen bestimmt wurden. Auch ist in Ostdeutschland die Infrastruktur für eine Interessenrepräsentation erst im Aufbau. Das gilt sowohl für die staatlichen Organe (Gemeinde- und Kreisreformen sind erst 1993/94 zum Abschluß gelangt, Gerichte werden erst jetzt voll funktionsfähig) wie für die nichtstaatlichen Verbände und Organisationen (lokale Parteistrukturen, Gewerkschaften, Wohlfahrtsverbände). Der Übergang von den anfänglichen Systemerwartungen über die folgenden Systementtäuschungen zu einem Systemvertrauen ist unter den Umstellungsbedingungen nicht leicht zu vollziehen. Dafür bedarf es noch einiger Zeit, die um so kürzer sein wird, als die Systemeffizienz zu überzeugen vermag.

V

In Zeiten ökonomischer Strukturkrisen, geringen Wachstums des Volksein-
kommens oder gar seiner Abnahme nehmen Verteilungskonflikte zu, wird es
schwieriger, Verteilungsgerechtigkeit zu paktieren. Dies gilt auch für Westdeutschland, dessen von Ostdeutschland aus gesehener Reichtum keineswegs
für alle privaten, gewerblichen und öffentlichen Haushalte besteht. Insofern
unterliegt auch die politische Kultur der Bundesrepublik einem erhöhten Be-
währungszwang. „Politikverdrossenheit", abnehmende Wahlbeteiligung, zu-
nehmende Verteilungskonflikte sind Stichworte, die die Situation charakterisieren. Dennoch ist die Systemloyalität zur Demokratie trotz aller Kritik un-
gebrochen. Betrachtet man die Bundestagswahl 1994 nur für das Wahlgebiet
West, so ist die Wahlbeteiligung mit 80,6% um 2% gegenüber 1990 gestiegen, die Stimmenanteile der Parteien sind relativ stabil, die Schwankungen
bewegen sich zwischen 2% und 3%, alle Splitter- und Flügelparteien ein-
schließlich der Republikaner und der PDS erreichten zusammen nur 4,9%.
Trotz erheblicher Arbeitslosigkeit und großer Struktur- und Haushaltspro-
bleme ist das politische System, soweit es sich in seinen tragenden Organisationen, den Parteien widerspiegelt, stabil. Die Demokratie in Westdeutschland ist offenbar keine „Schönwetter-Demokratie", sie kann auch erhebliche
Belastungen ertragen.

Die Demokratie ruht auf der Selbstlegitimierung ihrer Ordnungsprinzipi-
en durch diejenigen, die diesen Prinzipien unterworfen sind. Der Prozeß der
beständig erneuerten Selbstlegitimation ist immer prekär und gelingt nur bei
bestehendem Systemvertrauen und einer darüber hinausgehenden Systemloyalität. Systemvertrauen ist nicht das Gleiche wie Systemloyalität. Diese
beruht auf einer Zustimmung zu den Wertbeziehungen in der Institutionenordnung, die nicht nur das Ergebnis einer Bilanzierung von Kosten und
Nutzen im Verteilungskampf ist. Diese Werte beziehen sich auf individuelle
Bürgerrechte und ihre Realisierung im Rahmen solidarischer Lastenvertei-
lung und verbindlicher allgemeiner Rechtsnormen. Demokratische Systemloyalität kann nicht kompensiert oder gar substituiert werden durch Vorstellungen einer kollektiven „Schicksalsgemeinschaft". Im Namen von Kollektiven und den ihnen jeweils zugeschriebenen „wesenhaften" Werten und Eigenschaften sind individuelle Bürgerrechte immer nachrangig, können eingeschränkt, unterdrückt, aufgehoben werden. Eine demokratische politische
Kultur kann sich daher nicht auf eine Ordnungsidee der Nation, der Rasse
oder der Klasse stützen, sie würde damit ihren eigenen Wertbezug gefährden,
im Prinzip bereits verraten.

Daher sind alle Appelle an ein neues deutsches Nationalbewußtsein de-
mokratiefremd. Aus dem vereinten Deutschland ist kein neues nationales
Gemeinwesen hervorgegangen, das andere politische Institutionen, eine an-

dere politische Kultur erfordert, als dies für die alte Bundesrepublik der Fall war und dort sich auch bewährt hat. Beide deutsche Nachkriegsstaaten waren schon infolge der Teilung „postnationale" Gemeinwesen, verstanden sich nicht als Bewahrer einer „nationalen Substanz", sondern einerseits als Selbstkonstituierung der Bürgerrechte, andererseits als Realisierung des Kommunismus. Durch die Vereinigung von Ostdeutschland mit Westdeutschland entsteht keine neue Nation. Gefordert ist nicht eine „selbstbewußte Nation", sondern eine selbstbewußte Demokratie in Deutschland. Eine politische Strategie, die glaubt, über die Propagierung eines neuen Nationalbewußtseins die Binnenintegration Deutschlands zu erhöhen und die Außenabgrenzungen zu dramatisieren, löst keine Konflikte, sondern umgeht sie und schafft zusätzliche. Je abstrakter und undefinierbarer der Wertbezug ist, der zur Integration unterschiedlicher Interessen und konfligierender Ansprüche verwendet werden soll, desto stärker werden die demokratischen Konfliktlösungspotentiale entwertet, die Integration durch Kompromiß erschwert, ein direkter, verfahrensmäßig unkontrollierter Wertvollzug als politisches Ideal vorgestellt. Demokratische politische Ordnungen bedürfen keiner zusätzlichen nationalen Sinngebung, die sich über den demokratischen Prozeß erhebt.

Der Untergang der Weimarer Republik erfolgte unter Bedingungen einer schweren Wirtschaftskrise, aber auch unter den Bedingungen mangelnder demokratischer Systemloyalität. Der bereitwillig von der Mehrheit vollzogene Übergang zur Legitimation politischer Herrschaft im Namen der Nation und der von einer Minderheit entgegengestellte Glaube an die politische Herrschaft im Namen der Klasse führte zur Staatskrise. Diese war nicht die notwendige Folge der Wirtschaftskrise, sie bestand schon davor. Das Legat der deutschen Geschichte für die demokratische Kultur des vereinigten Deutschlands besteht darin, die Wertprinzipien einer demokratischen Ordnung zu erhalten und immer aufs Neue zu sichern.

Dies bedeutet im einzelnen:

1. Das vereinigte Deutschland ist eine sich selbst organisierende und legitimierende Staatsbürgergesellschaft.
2. Durch die Vereinigung ist keine neue nationale Qualität entstanden, die komplementär oder substitutiv zur demokratischen Legitimität hinzuzutreten habe.
3. Für die Binnenordnung gelten die individuellen Bürgerrechte als konstitutive Normen, die nicht durch kollektive Interessenlagen überformt werden dürfen.
4. Die Verfahrensklarheit und -verbindlichkeit sind nicht von den Inhalten des politischen Prozesses zu trennen. Demokratie beruht auf der Legitimität der Herrschaft durch Verfahrensordnungen (formale Rationalität) und auf den in diesen Verfahren erreichten Zielen, dem Ausgleich von Interessen, der wahrgenommenen Leistungsfähigkeit des politischen Prozesses (materiale Rationalität).

5. Der Zugang zur Willensbildung und Entscheidungsfindung, verfahrensmäßig geregelt, darf nicht beschränkt werden, auch wenn dadurch die
   Willensbildung komplexer und die Entscheidungsfindung komplizierter
   werden. Effizienzgesichtspunkte dürfen die Freiheitsrechte nicht vermin-
   dern, Zwangshomogenisierungen der Interessen bewirken nur eine
   Verminderung der Innovationskraft und der Anpassungselastizität der
   Gesellschaft.
6. Das vereinte Deutschland ist Teil der Europäischen Union und insoweit
   in seiner Souveränität eingeschränkt. Daran ändern weder die gewachse-
   ne Bevölkerungszahl noch die veränderte Lage in Europa nach dem Zusammenbruch des Kommunismus etwas. Durch die Vereinigung ist keine
   prinzipiell andere Qualität Deutschlands im europäischen Einigungsprozeß entstanden, es sei denn, daß die Verantwortung dafür gestiegen ist.

Beide Diktaturen konvergierten in ihrem Angriff auf den demokratischen
Verfassungsstaat im Namen unterschiedlicher Ideologien. Beide Ideologien
wurzeln in deutschen Mentalitäten, die sich gemeinsam gegen die Weimarer
Republik gewandt und zu ihrem Untergang beigetragen haben. Diese deutschen Mentalitäten optierten für eine autoritäre Herrschaftsorganisation und
gegen die institutionalisierten Prozesse der Konfliktvermittlung, für eine
Ordnung nach abstrakten Prinzipien und gegen die Anerkennung von Ambi-
valenzen zwischen Wertbeziehungen, für eine starke Exekutive und gegen
den paktierten Kompromiß, für eine Homogenisierung der Interessen und
gegen den Pluralismus, für die Kollektive der Nation oder der Klasse und gegen die Rechte der Individuen. Mit einem Satz: Sie optierten gegen die Idee
der westlichen Zivilgesellschaft. Die Erinnerung an die beiden deutschen
Diktaturen kann die Konsequenzen dieser Optionen und die ihnen zugrunde-
liegenden kognitiven Strukturen des Denkens und der Urteilsbildung festhalten und daraus immer wieder das bekräftigen, was als die Gewinnung der
Mehrheit in Deutschland für den westlichen demokratischen Verfassungsstaat nach 1945 bezeichnet wird. Die Bezugsereignisse für die Demokratie in
Deutschland sind Niederlagen der Demokratie, kein „Sturm auf die Bastille",
kein „Unabhängigkeitskrieg", keine „glorious revolution". Aus ihnen ist kein
Mythos zu konstruieren, aber eine nüchterne Erkenntnis zu gewinnen für
Wertpräferenzen in der Selbstorganisation der politischen Ordnung der Deut-
schen in einer europäischen Friedensordnung.

Literaturhinweise

Brandenburgische Landeszentrale für politische Bildung (Hg.), Die real-existierende post-sozialistische Gesellschaft. Chancen und Hindernisse für eine demokratische politische Kultur, Berlin 1994.

Deutscher Bundestag, 12. Wahlperiode, Drucksache 12/7820 vom 31.5.1994, Bericht der Enquete-Kommission „Aufarbeitung von Geschichte und Folgen der SED-Diktatur in Deutschland".

Henke, Klaus-Dietmar (Hg.), Wann bricht schon mal ein Staat zusammen! Die Debatte über die Stasi-Akten auf dem 39. Historikertag 1992, München 1993.

Henrich, Rolf, Der vormundschaftliche Staat, Hamburg 1989.

Joas, Hans und Martin Kohli (Hg.), Der Zusammenbruch der DDR, Frankfurt 1993.

Lepsius, M. Rainer, Die Prägung der politischen Kultur der Bundesrepublik durch institutionelle Ordnungen, in: ders., Interessen, Ideen und Institutionen, Opladen 1990.

Lepsius, M. Rainer, Das Erbe des Nationalsozialismus und die politische Kultur der Nachfolgestaaten des „Großdeutschen Reiches", in: ders., Demokratie in Deutschland, Göttingen 1993.

Lepsius, M. Rainer, Die Institutionenordnung als Rahmenbedingung der Sozialgeschichte der DDR, in: Hartmut Kaelble, Jürgen Kocka, Hartmut Zwahr (Hg.), Sozialgeschichte der DDR, Stuttgart 1994.

Lübbe, Hermann, Der Nationalsozialismus im deutschen Nachkriegsbewußtsein, in: Historische Zeitschrift, Bd. 236, 1983.

Meuschel, Sigrid, Legitimation und Parteiherrschaft in der DDR, Frankfurt 1992.

Sühl, Klaus (Hg.), Vergangenheitsbewältigung 1945 und 1989. Ein unmöglicher Vergleich? Berlin 1994.

Klaus von Beyme

Verfehlte Vereinigung – verpaßte Reformen ?

Zur Problematik der Evaluation der Vereinigungspolitik in Deutschland seit 1989

1 Der „teutonische Denkstil" und die Gefahr eines deutschen Sonderweges in der Transitionsforschung

Das Bild vom Jammer-Ossi ist in Westdeutschland weit verbreitet. Die Jammer-Wessis hingegen finden sich vor allem in der Intelligencija und in der Wissenschaft. Als Intellektuelle konnten sich in der ersten Phase der Vereinigung eigentlich nur solche ausweisen, die gegen die Vereinigung waren, oder sie wenigstens nicht als Wiedervereinigung akzeptierten, sondern als Chancen zu einem neuen Gebilde, einer *„dritten Republik"*. Träume des Dritten Weges scheiterten praktisch in den Wahlen vom März 1990 und in der Theorie in dem Augenblick, als jeder ex-sozialistische Staat auf seine Weise möglichst schnell in Richtung Demokratie und Marktwirtschaft strebte, ohne Blocksolidarität und Rücksicht darauf, daß gemeinsam eine sozialverträgliche Übergangsstrategie vielleicht möglich gewesen wäre, aber nicht, wenn jedes Land über Nacht in Westwährung fakturiert. Als Dauerzustand war ein *Dritter Weg* unwahrscheinlich, wie Marxisten wußten, seit Marx seinen Hohn über die Ignoranz der „preußischen Sozialisten" wie Dühring oder Rodbertus ausgegossen hatte, die blind für die Gesetze des Weltmarktes gewesen waren.

Der Kummer über die Unmöglichkeit eines Dritten Weges setzte sich vielfach in *Horrorszenarios über die faktische Vereinigung* um, an denen vor allem Honecker im chilenischen Exil seine helle Freude haben mußte. Nur er war jedoch auch einfältig genug, die negativen Prozesse so zu verstehen, als ob die Mehrheit in Ostdeutschland eine Restauration des DDR-Regimes vorgezogen hätte.

Die Akzeptanz für die Aussage „Wir sind ein Volk" war in Ostdeutschland von 45% (November 1990) auf 28% (Juli 1994) gesunken. Selbst Elisabeth Noelle-Neumann (1994: 5), große Optimistin hinsichtlich der Konstanz nationaler Gefühle in Deutschland, konnte die Alarmzeichen nicht mehr übersehen. Aber die Frage, ob die Unzufriedenen tatsächlich die alte DDR wiederhaben wollten, wurde so nicht gestellt. Der sanfteren Formulierung der Frage. ob es nicht besser gewesen wäre, „es wäre alles so geblieben wie es vor dem Fall der Mauer war", stimmten in Ostdeutschland weit weniger zu als im Westen, nämlich 9% (Allensbacher Jahrbuch 1993:454). Die konditional angelegte Frage darf nicht einmal als Beleg dafür gewertet werden, daß 9% der Ostdeutschen (32% davon PDS-Anhänger), wirklich auch die DDR mit Stasi und Stacheldraht akzeptieren würden, wenn der gleiche Satz anders, und mit Hinweis auf alle Implikationen, formuliert würde.

Im hektischen Geschäft monatlicher Meinungsumfragen kann nicht jede Alarmierung ernst genommen werden, zumal auch in Allensbach gelegentlich die linke Hand vergißt, was die rechte Hand gerade erarbeitet hatte: bei Umfragen über die Einheitsbilanz in zahlreichen Politikfeldern kam ein durchaus realistisches und differenziertes Bild über die ostdeutsche Volksmeinung zutage, auch wenn im Bereich der beruflichen Aussichten, der Arbeitsmarktpolitik, des Erziehungswesens, der öffentlichen Sicherheit und vor allem in der Kooperation der Menschen untereinander Mehrheiten in Ostdeutschland eine Verschlechterung der Situation seit 1989 auf sich lasten fühlten (Köcher 1994: 5).

Die Wissenschaft hatte bei der Prognose des Kollapses der sozialistischen Regime versagt. Sie glaubte, die Schlappe durch besonders düstere Szenarios der neuen Entwicklungen wieder wettmachen zu können. Das vorherrschende Paradigma in Deutschland war nicht mehr ein Hegelianismus oder Marxismus, wie Galtung ihn einst im „teutonischen" Wissensmodell karikiert hatte. Aber das teutonische Systemdenken blieb auch in der Phase der Erosion des Marxismus stark. Es war ein antimarxistisches Systemdenken – bei Luhmann und anderen mit Zügen einer hegelianisierenden teleologischen Betrachtungsweise gesättigt. Die Starre eines Basis-Überbau Schemas war längst einer flexiblen Betrachtung der Friktionen zwischen den Subsystemen und ihren Steuerungskodes gewichen. *Verselbständigungstendenzen* wurden einzelnen Subsystemen immer wieder nachgesagt. *Pathologische Friktionen zwischen den Subsystemen* führten in der Frankfurter Schule zu immer neuen Krisenszenarios und bei den Forschern der analytischen Schule zur Darstellung von Inkompatibilitäten der Teilrationalitäten in den Subsystemen in einer Mehrebenenanalyse. Vor allem die Teilbereiche Politik und Ökonomie entwickelten keineswegs nur in marxistischen Theorieansätzen *antagonistische Symbiosen* mit vielfach paradoxen Politikresultaten.

All die Legitimations-, Motivations- und Rationalitätskrisen waren analytisch glaubwürdig nicht dauerhaft nachzuweisen, viele Friktionen zwischen den Steuerungsimperativen auch immer wieder auftauchten. Kein Wunder, daß vor allem Theoretiker der Linken sich begeistert auf die Transformationsprozesse in den ehemals realsozialistischen Ländern warfen: endlich hatten sie empirisch das, was zuvor, immer wieder durch Glaubenselemente gestärkt, „abgeleitet" werden mußte: eine völlige Unvereinbarkeit des sich demokratisierenden politischen Systems mit dem Wirtschaftssystem, das in vielen Ländern nicht Marktwirtschaft genannt werden konnte, sondern als

„Modified Planning System" in die Terminologie der UNO-Unterorganisationen einging.

Die Kooperation mit den ex-sozialistischen Dogmatikern wurde erleichtert. Die Terminologie mußte nur leicht geändert werden. Wo früher von „antagonistischen Widersprüchen beim Umbau des Gleichgewichts im Weltsystem" die Rede gewesen war, konnte man nun von „Strukturbrüchen im Transformationsprozeß" sprechen, und ziemlich ähnliches meinen wie früher. Teutonisch-deduktives Denken blieb erhalten.

Die Unterschiede zwischen west- und ostdeutscher Wissenschaft vor 1989 (funktionalistische Systemtheorie vs. Marxismus) lagen mehr im Inhaltlichen, weniger in der Ansatzhöhe und Argumentationsweise. Der Hauptunterschied im Methodischen ergab sich aber daraus, daß im Westen nie ein Paradigma die Alleinherrschaft hatte. Es gab *keine „Hauptverwaltung für ewige Wahrheiten"*, sondern nur *Zitier-Oligopole*. Außerdem waren die Mehrebenenanalytiker des Westens empirienäher interessiert, während die Falsifikationsbereitschaft auch in der Zeit eines erodierenden Realsozialismus durch politische Vorgaben und ideologische Gralshüter gebremst wurde, wo eine zunehmend empirische Gesinnung sich breit machte. Es wird leicht vergessen, daß die guten DDR-Wissenschaftler sich in den 80er Jahren zunehmend bei ihren ideologischen Exerzierübungen zu langweilen begannen und durchaus nach der Öffnung hin zur Empirie strebten.

Aber nicht nur der teutonisch-deduktive Denkstil war eine Gefahr. Ein *deutscher Sonderweg* drohte in der Gelehrtenrepublik, wenn jeder zweite Sozialwissenschaftler sich auf Transformationsstudien stürzte. Auch in anderen Ländern entfaltete dieses einmalige natürliche Experiment eine Sogwirkung, nachdem die Studien zur *„transition to democracy"* in Südeuropa und Lateinamerika ein reichlich abgegrastes Feld hinterlassen hatten. Dabei konnte es geschehen, daß vergleichende Forscher – vor allem in Amerika – die sich bis 1989 in ihrem wissenschaftlichen Interesse nie über den Checkpoint Charlie hinausgewagt hatten, nun in flotten Synthesen über die neuen Demokratien hinwegrechneten, ohne jede Detailkenntnisse der Geschichte und Kulturen der Länder. Was unerklärbar in der *blackbox* blieb, wurde denn auch gern einer nicht weiter erläuterten „politischen Kultur" überstellt, die andere erforschen mochten.

In Deutschland entfielen solche Barrieren. Die DDR-Forschung hatte schon immer viele Wissenschaftler angezogen, die sich für den Sozialismus interessierten, aber östliche Sprachen umgingen. Der Mangel an vergleichenden Aspekten in einem großen Teil der westdeutschen DDR-Forschung – mit notablen Ausnahmen, wie Peter Ludz – droht sich zu wiederholen. Transitionsstudien ohne Vergleich mit dem Normalprozeß in den östlichen Ländern, die ohne Kolonisation, aber auch ohne nennenswerte Hilfe eines großen Bruders, den Sprung in die Demokratie wagten, dominieren.

Eine *Transitionsobsession* in den deutschen Sozialwissenschaften droht zuviel *Einmaligkeit des deutschen Falles* herauszustellen und zu vergessen, daß Transitionsforschung vor allem ein Ziel haben muß: sich selbst überflüssig zu machen, weil die Integration von Ost und West soweit gelungen ist, daß die Krisen, die es weiter geben wird, nicht mehr alle auf die magische Größe der Vereinigungskrise zurückgeführt werden müssen.

Solche Bedenken heißen natürlich nicht, daß die Besonderheiten des Falles Ostdeutschland ausgeklammert werden können: Sie liegen in mehreren Punkten:

(1) Die DDR wurde nicht zu der *Klassennation*, die ihr die Propaganda als Rolle zugedacht hatte. Der Klassenfeind allabendlich im Wohnzimmer via Fernsehen erhielt *Westdeutschland als Referenzkultur* (M.R. Lepsius). Die Mauer war so dicht nicht mehr. Selbst in der politischen Orientierung gab es bereits vorauseilende Identifikationen (Schmitt 1992). Die Führungskräfte des Westens waren zum Teil bekannter als die des Ostens. Die Einordnung der Mehrheit in ein überwiegend westdeutsches Parteiensystem war nicht nur das Produkt mangelnder Alternativen.

(2) Ostdeutschland war – wie Umfragen vor 1989 zeigten – stärker auf den *traditionalen Nationsbegriff* bezogen als die westdeutsche Bevölkerung (55: 48%) (Westle 1994:44). Dennoch konnte sie angesichts des Transformationsschocks nach der ersten Euphorie nicht von einem ungebrochenen Fundus nationaler Gefühle zehren, sondern wurde durch die *zweite Modernisierung* in ein *a-nationales Regionalbewußtsein* zurückgeworfen, soweit sie auf der Seite der Transformationsverlierer stand.

(3) Die DDR-Mehrheit hatte noch einmal vollzogen, was ganz Deutschland 1945 tun mußte: *unconditional surrender*. Es gab keine Instanz – außer der Fairness, die das Verfassungsgericht zu wahren suchte – die über die Einhaltung der Einigungsverträge wachte. Auch andere ex-sozialistische Staaten kamen gelegentlich mit Mehrheit zu dem Schluß, daß sie sich die Demokratie „*so nicht vorgestellt hatten*". Sie konnten ihre erste Option zugunsten einer kommunistischen Nachfolge-Partei revidieren, wie 1992 in Litauen, 1993 in Polen, 1994 in Ungarn. Ostdeutschland hat diese Möglichkeit nicht. Die PDS kann wachsen, aber sie bleibt nicht koalitionsfähig. Große Koalitionen könnten sie selbst, wenn sie in einem Land stärkste Partei würde, jederzeit von der Macht fernhalten. Diese *Ausgrenzung* verstärkt den Trotz ihrer Anhänger und erschwert eine reformsozialistische Stabilisierung, die auch innerhalb westlicher Standards glaubhafter wird. Insofern hat die ostdeutsche Demokratie es schwerer als andere Ex-RGW-Länder. Die *westdeutsche Mehrheit zwingt Ostdeutschland faktisch bei der im März 1990 getroffenen Anschluß-Option zu bleiben*. Der Entwicklungspfad kann nicht mehr von ei-

ner *big-bang-Strategie* zu einem *sozialverträglichem Gradualismus* zurückgeführt werden. Daraus folgt, daß es für Ost- und Westdeutschland *zu wenig*
blame-sharing gibt. „Ossis" machen einseitig „Wessis" für die Misere verantwortlich. Hinweise auf die „verrottete Firma", die der Westen übernom-
men hat und die enormen Transfers, werden innerlich im Osten kaum noch
akzeptiert.

(4) Die *Verteilungskonflikte* in Ost und West sind *diagonal* angelegt (Offe
1994:265). Es gibt nicht nur *Deklassierung* im Osten sondern auch *Sta-*
tusängste im Westen, die ängstlich am *Status quo* etablierter Machtverhält-
nisse festhalten lassen, von der Stimmenspreizung im deutschen Bundesrat
bis zur Abschirmung des Grundgesetzes gegen plebiszitäre Elemente via
Art.146 GG. Hat man die beiden deutschen Staaten als *politisch verfaßte*
Wirtschaftsgebiete apostrophiert, die keine Nationen darstellten, so wird der
Nationsbildungsprozeß auch nach der Vereinigung durch eine Fortdauer
wirtschaftlich motivierter Distributionspolitik behindert, selbst in Bereichen,
in denen kein Nullsummenspiel zwischen Ost und West zu drohen scheint.

Die anderen postkommunistischen Länder haben eine vage Vorstellung, daß
sie leben möchten wie im Westen. Aber welches westliche Land ist Maßstab,
und glaubt man wirklich in wenigen Jahren gleichziehen zu können? Gesun-
de Skepsis bleibt bei der Mehrheit in ihrem Aspirationsniveau erhalten. In
Ostdeutschland aber wird das im Grundgesetz an untergeordneter Stelle ge-
nannte – bei der konkurrierenden Gesetzgebung (Art.72) und der Aufteilung
der Umsatzsteuer zwischen Bund und Ländern (Art.106) – *Prinzip der Ein-*
heitlichkeit der Lebensverhältnisse zu einem Staatsziel aufgebauscht, das die
Aspirationen in unrealistische Höhen treibt (vgl. Däubler 1994). *Tutto e subi-*
to – Gesinnung macht sich breit, weil die Deutschen auf der schlechteren
Seite der Elbe Kompensationen für 40 Jahre entgangene Gratifikationen verlangen. Die Militärgouverneure hatten in ihrem Genehmigungsschreiben zum
Entwurf des Grundgesetzes vom Mai 1949 nicht umsonst davor gewarnt, das
Prinzip über eine Verpflichtung, gleiche „*opportunities*" und Chancen zu
schaffen, hinaus zu interpretieren.
　　Dieses ostdeutsche Aspirationsniveau ist aber mit Sanktionsmacht aus-
gestattet. Ein Fünftel der Wähler können den Machtwechsel herbeizwingen,
und daher laden die überhöhten Erwartungen zu einigen Leichtfertigkeiten in
der Transformationsstrategie geradezu ein, vor allem bei der Angleichung
der Löhne. Der Preis ist die Vernichtung weiterer industrieller Kapazitäten
Ostdeutschlands.

2   Reform der Ex-DDR oder die Reform der gesamten Bundesrepublik ?

Wo die Forderung nach umfassenden Reformen anläßlich der Wiedervereinigung nicht bloß Kompensation für vergangene Träume eines Dritten Weges zwischen Kapitalismus und Sozialismus sind, ist der Wunsch nach Reformen verständlich, wenn man schon einmal ein ungeheures legislatives Pensum zu absolvieren hat. Nicht wenige Transformationsstudien messen die Leistungen der Regierung in diesem Bereich, als ob die Politiker dieses Reforminteresse geteilt hätten. Aber Wolfgang Schäuble (1991: 157,231) als Hauptinitiator der Verträge mit der DDR hat immer klipp und klar gesagt, daß die Wiedervereinigung nicht die günstige Gelegenheit sei, *„durch die Hintertür durchzusetzen, was ohne diese Gelegenheit seit Jahren nicht gelungen ist".* Taktisch zutreffend ist zweifellos Schäubles Argument, daß man die Verhandlungen – die unter Zeitdruck stattfanden – nicht mit zuviel Lösungsversuchen belasten durfte. Beim Streit um die *Erhaltung der Fristenlösung* war es für die Reformer besonders bitter, daß auch alle Nachbesserungsversuche der Opposition zu § 218 nur zu einer Schonfrist für die Regelung der DDR führte. Die Bundesregierung konnte die Opposition austricksen, da eine Übergangsregelung, nach der von der Rechtslage Westdeutschlands langfristig abgewichen werden durfte, einer Grundgesetzänderung bedurft hätte. Für diese wurde die Union gebraucht. Die Schwierigkeit des Verfassungswandels – von den Grundgesetzvätern und -müttern gewollt und von der Publizistik im allgemeinen begrüßt – erwies sich als beispiellose Schranke gegen Reformen der Bundesrepublik aus Anlaß der Vereinigung in vielen Bereichen.

Aus mehreren Gründen war die Wiedervereinigung nicht sehr zur großen Reform des Systems geeignet:

(1) *Die Wiedervereinigung ereignete sich fast im letzten noch möglichen historischen Moment.* Die Koalition derer, die das Wiedervereinigungsgebot aus dem Grundgesetz streichen wollten, war im Wachsen begriffen. 10-20 Jahre später hätte der Fall eintreten können, daß diese Koalition – noch ohne verfassungsändernde Mehrheit – stark genug gewesen wäre, einen Anschluß à la 1989 zu Konditionen mit großen Opfern für Westdeutschland abzulehnen. Die DDR hätte sich dann in Karlsruhe in die Bundesrepublik hineinklagen müssen.

1989 gab es noch eine Mehrheit für die Wiedervereinigung auch im Westen, aber die Opferbereitschaft war gering. Die Führung, die noch am Einheitsgedanken des traditionellen Patriotismus interessiert war, mußte auch gegen die Wankelmütigkeit der Mehrheit der nicht Opferwilligen die Einheit übers Knie brechen. Es bestand nicht nur die Gefahr, daß die Russen sich umbesinnen könnten, die zur Eile trieb. Die *Koalition für die Einheit* war prekär und hat im Lauf der wachsenden Schwierigkeiten gewechselt (Patton 1993).

(2) Es ging nicht nur um die Alternative Reform oder Status quo. In einigen Politikfeldern trat die *Alternative status quo ante* hinzu, vor allem in der Eigentumsfrage. Schäuble (1991: 104) konnte sich für den Status quo hinter dem Argument verschanzen, daß er immerhin die Gefahr einer Restauration abgewehrt habe. Lambsdorff war strikt für die Rückgängigmachung der Enteignungen zwischen 1945-1949 in der SBZ und selbst Genscher, der die Restriktionen in der sowjetischen Vetopolitik kannte, schwankte in diesem Bereich. Der unglückliche Grundsatz „Rückgabe vor Entschädigung" war eine Konzession an diesen Paläoliberalismus, dessen Folgen von der Union durch *Reparaturgesetze* später mühsam gemildert werden mußten.

(3) Peter Katzenstein (1987) hat den „halbsouveränen Staat" in alle Fußnoten der deutschen Wissenschaft eingeschleust. *Postmoderner Steuerungsagnostizismus* war das vorherrschende Paradigma in den Sozialwissenschaften. Woher hätte eine politische Elite den Impetus der Reformeuphorie der 60er und 70er Jahre nehmen sollen, die gründlich verflogen war, nachdem radikale Reformen im Westen und radikale Systeme im Osten gescheitert waren?

Der halbsouveräne Staat der Bundesrepublik beruht – über die generellen Restriktionen politischer Steuerungsfähigkeit in westlichen Demokratien hinaus – auf dem komplizierten Geflecht von sich ausbalancierenden und *konterkarierenden Vetogruppen in den Ländern, in den organisierten Verbänden, in den konkurrierenden Bürokratien, in den politischen Eliten.* Die Kompromißbereitschaft bei marginalen Verteilungsgewinnen ist vergleichsweise größer als dort, wo große Verteilungen winken, und für den, der leer ausgeht, ein Statusverfall droht, auch wenn andere ebenfalls nichts bekommen!

Die neuere Transformationsforschung arbeitet überwiegend mit diesem Modell, angereichert um eine moderne *Netzwerkanalyse.* Die Netzwerke haben sich in der Einigung erwartungsgemäß verhalten. Gelegentlich hat eine Gruppe, eine Partei, ein Elitenakteur seine Position in den asymmetrischen Verteilungspositionen zwischen Ost und West schamloser ausgespielt als in der Bonner Routinepolitik. Die Spielregeln waren weniger fixiert, und auch die, welche in Bonn an feste Spielregeln gewohnt waren, zeigten sich, wie Kolonisatoren auch anderswo, außerhalb des schützenden Haags hauptstädtischer Kleinstadtenge etwas rücksichtsloser. Es ging um einmaligen großen Gewinn, und um ein Spiel auf kurze Zeit. Antizipierende Konzessionen, um das Spiel eines „*general political exchange*" – bei dem es nicht auf jeder Stufe zum Austausch von äquivalenten Leistungen kommt – nicht zu stören, schienen nicht vielversprechend. Die Tendenz zur *Sektoralisierung der Poli-*

tikfeldarenen war noch größer als bei westlicher Politik im allgemeinen und zeigte Varianzen.

Diese weichen wenig vom westdeutschen Usus ab. Die DDR-Wissenschaftler hatten keine Gelegenheit, die westdeutschen Politikfeldstudien zu lesen, aber bei den westdeutschen Forschern wundert man sich, daß sie sich wundern über das, was sie im Osten beobachten. Die Konstituierung mancher Politikfelder im Osten Deutschlands lief nach dem Schema aller Studien im Westen ab, *Statuspolitik* dominierte. Krassestes Beispiel ist die *Gesundheitspolitik*. Seit Nascholds (1969) Pionierstudie über die Kassenärzte haben sich die Vorteile einer gutorganisierten Statusgruppe, wie der Ärzte, denen kein Gegenverband Paroli bieten kann, wie bei den Sektoren der *Klassenpolitik* (Arbeitsbeziehungen), immer wieder gezeigt. Erst mit Seehofers Gesundheitsstrukturgesetz von 1992 gewann der Staat durch Abkehr von der Idee der Überlassung eines Politikfeldes an die Selbstverwaltung ein gewisses Maß an Steuerungsfähigkeit zurück (Perschke-Seehofer 1994: 280). Aber der *Selbstverwaltungspessimismus* der staatlichen Akteure ging in der 12. Legislaturperiode nicht so weit, daß diese sich angesichts der Notwendigkeit gesetzgeberischer Dezision in der Gesundheitsreform nun auch eine neue Front im Ost- Westkonflikt in Deutschland aufzubauen versuchten. Die Erhaltung der öffentlichen Gesundheitseinrichtungen der DDR wäre möglich gewesen. Ihre Effizienz wurde auch von westdeutschen Fachleuten nicht als so gering eingestuft (BMG: Indikatoren 1993). Aber ärztliche Statuspolitik erreichte, daß nur bis Ende 1995 noch ein Auslaufmodell praktiziert werden durfte. Mittelfristig wurde das Monopol der ambulanten Versorgung durch freiberufliche Ärzte sichergestellt (Lehmbruch 1994:32).

Ähnlich führte der westdeutsche Transformationsdruck auf die politischen Akteure, vom Sozialstaat zum Sicherungsstaat zu gelangen (Nullmeier/Rüb 1993), zur Entlastung auf dem östlichen Kriegsschauplatz der Interessenkonflikte. Den Interessengruppen mit öffentlichem Status gelang es, *das gegliederte System der Sozialversicherung mit seinen ständischen Relikten* aus der Zeit des Bismarckschen Paternalismus auch in Ostdeutschland einzuführen. Den zuständigen Ministerien wurden gewisse Interessen an der Erhaltung einiger *Reformbrückenköpfe* durch Erhaltung einiger Elemente des Gesundheits- und Sozialversicherungssystems der DDR nachgesagt (Lehmbruch 1994: 33). Aber die Entlastungsstrategien zwangen dazu, die Koalition von westdeutschen Interessenten und interessierten Parteien gewähren zu lassen, um sich auf die Probleme der gesamtdeutschen Reformvorhaben konzentrieren zu können. Der halbsouveräne Staat hat sich in weiser Beschränkung nur an den Fronten verkämpft, an denen sich ein lang erwiesener Reformbedarf kumuliert hatte.

Ein exzessiv angelegter *Rechtswegstaat* verband sich im halbsouveränen Staat mit einer *sektoralen Korporatismus- oder Selbstverwaltungstradition*, die Eingriffe des staatlichen Akteurs auf ein Minimum beschränkten. Die

Vereinigung löste Statusängste auch bei den etablierten sozialen Großakteuren aus. Verschiebungen im Gleichgewicht der Kräfte wurden nach Möglichkeit blockiert. Durch die Rezession, die dem „geborgten" Anfangsboom folgte, wurden solche Statusängste noch verstärkt.

Die Reformfähigkeit des Bundes war noch geringer in den Bereichen, in denen er geringe Kompetenzen aufgrund der föderalen Machtverteilung besaß. *Forschungs- und Rundfunkpolitik* sind dafür gute Beispiele. Auch sie werden als Musterbeispiele westdeutscher Kolonialisierungspolitik gewertet. Im Bereich von *Schulen und Hochschulen* hatte der Bund keine Kompetenzen. Die Länder, und im Rahmen ihrer Autonomie die ostdeutschen Hochschulen, arbeiteten mit westdeutschen Spezialisten zusammen. Die Arbeit, die dort von der „Gelehrtenrepublik" geleistet wurde, war beachtlich, aber nicht immer uneigennützig. Vor allem im Bereich der politisch empfindlichen Disziplinen, in denen ein relativ großer Elitenaustausch stattfand, konnten sich wissenschaftliche Schulen noch stärker durchsetzen als dies im Rahmen westdeutscher Hausmachtbildung auch sonst üblich war. Im Mittelalter waren östliche Städte nach Lübischem, Magdeburger oder Nürnberger Recht kolonialisiert worden. Nach 1989 waren die Netzwerke verzweigter. Da konnte es in den Sozialwissenschaften geschehen, das – gefördert durch politische Nähe zu den Kultusministern – Rostock nach „Freiburger" und Dresden nach „Passauer Recht" reorganisiert und rekrutiert wurde. Bei größeren Universitäten, wie Humboldt, Leipzig oder Jena, war das Einflußgeflecht hingegen pluralistischer. Aber was immer an kritisierbaren Einzelentscheidungen herauskam, im ganzen ließ sich das Vorurteil nicht halten, daß die ostdeutschen Universitäten im Personalbestand drastisch verringert worden sind.

Übrigens auch im *Kulturbereich* ist das Kahlschlaggeschrei vielfach übertrieben worden. Eine empirische Studie über die DDR-Orchester zeigte, daß der Abbau des kulturellen Erbes in quantitativer Hinsicht kaum stattfand. Allenfalls bei der Arbeitszufriedenheit zeigten sich nach der Wende Verschlechterungen (Allmendinger 1993: 247,275). In diesem kulturellen Bereich, der stark von staatlicher Alimentierung abhängig ist, ergaben sich trotz der 40 Jahre Trennung erstaunliche Gemeinsamkeiten einer *deutschen Staatskultur* im Gegensatz zu den angelsächsischen Marktkulturen, die zum Vergleich herangezogen worden sind. Der Kulturbereich wurde zu einer der seltenen Ausnahmen, bei denen der Bund sich – zum Kummer der Haushaltsexperten und Verfassungsjuristen – über seine Kompetenzen hinaus, in eine Bundesförderung verstricken ließ, die nicht zu seinen eigentlichen Aufgaben gehört (Ackermann 1991: 17). Die Länder haben in der „Stunde der Exekutive" aber noch manche Kompetenzüberschreitung des Bundes akzeptiert, wenn sie nur ihre Finanzen schonen konnten.

Ein *Wettbewerb der neuen Länder* im Hinblick auf eine ausdifferenzierte Kultur- und Hochschullandschaft ließ die Folgen der Vereinigung geringer erscheinen als zunächst befürchtet. Die neuen Länder zeigten gelegentlich ausgesprochene Duodez-Potentaten-Allüren. Gegen Bedarfsrechnungen und warnenden Sachverstand der Finanzexperten wurden manche Hochschulen als zweite und dritte im Lande – wie Erfurt, Cottbus, Magdeburg, Frankfurt/Oder aus Prestigedenken noch aufgewertet oder gar neugegründet.

Einen Sonderfall mit einigen Kompetenzen des Bundes stellten die *Forschungsinstitute* dar, vor allem die Akademie der Wissenschaften der DDR. Die Länder wachten eifersüchtig, daß der Bund nicht zu viele Kompetenzen an sich zog. Die parastaatlichen Akteure, wie die Rektorenkonferenz oder die Deutsche Forschungsgemeinschaft, sahen mit Mißtrauen einen Bedeutungszuwachs des Wissenschaftsrats, der die Evaluierung der DDR-Institute vornahm. Die Äquivalente von Interessengruppen, wie die Max Planck-Gesellschaft, zeigten einen begrenzten Appropriationswillen, um ihre herausragende Stellung nicht durch Inflationierung von neuen Instituten ungesicherter Qualität zu untergraben. Einig war man sich nur darin, daß ein Repräsentationsmonopol der ostdeutschen Wissenschaft, etwa in der Fortführung der DDR-Akademie oder einer Leibniz-Gesellschaft, nur unliebsame Konkurrenz schaffen würde. Man zog vor, das Bärenfell zu zerschneiden und in kleinen verdaulichen Stücken zu verteilen, teils an die Blaue Liste der Einrichtungen, die von Bund und Ländern gemeinsam getragen wurden, teils an die Arbeitsgemeinschaft der Großforschungseinrichtungen.

Die Erhaltung der DDR-Einrichtungen wäre die wahre Veränderung gewesen. Ein Element von systemfremder Größe hätte das mühsam etablierte Gleichgewicht der kartellierten Forschungslandschaft gestört (Mayntz 1992: 65). Von der Belebung der Konkurrenz in der Wissenschaft war viel die Rede. Aber die mögliche Ordnungspolitik in diesem Bereich sah *Kleinaggregate mit liberum-veto-Position von Autonomierechten* vor, nicht eine Konkurrenz von neuen Großorganisationen. Autonomie ist ein wichtigeres Ziel als Wachstum in diesem Bereich (ebd: 77).

Die Position des Bundes in der Wissenschaftspolitik war schwach. Er war auf den Sachverstand der *policy-community* angewiesen. Der halbsouveräne Staat zeigte seine Restriktionen am krassesten bei der Gründung der *„Kommission für den sozialen und politischen Wandel in den neuen Bundesländern"*. Die Quadratur des Zirkels von Begleitforschung im Transformationsprozeß und Förderung arbeitsloser DDR-Wissenschaftler mußte von einem Verein des privaten Rechts mit seinen umständlichen Strukturen wahrgenommen werden. Ein Verein, der selektiv Mitglieder ohne Mitgliedsbeitrag rekrutierte und ganz von staatlicher Alimentierung lebte, aber dennoch fern von Hierarchien und großen Apparaten in freiwilliger Selbstkoordination der wissenschaftlichen Community bewundernswerte aber nicht sehr öffentlich beachtete Kleinarbeit leistete, (vgl. Lepsius 1993: 311) mußte mangelnde Bundeskompetenz kompensieren.

In der *Rundfunkpolitik* kam es ebenfalls zu tiefgreifenden Kolonialisierungstendenzen. Jedes Argument zur Erhaltung des Bestehenden der DDR konnte mit dem Argument vom Tisch gewischt werden, daß die alten Seilschaften daran gehindert werden müßten, weiterhin ihre Propaganda über die Massenmedien zu lancieren (Schäuble 1991:198). Zur Koalition der Länder und westdeutscher Interessenten, vor allem der Rundfunk- und Fernsehanstalten, traten hier ganz vordergründige *Parteipatronagemotivationen* hinzu, die im Art. 36 des Einigungsvertrages per 31. Dezember 1991 das Aus für die DDR-Rundfunk- und Fernsehanstalten brachte.

Die versäumten Chancen einer sinnvollen Neugliederung der Bundesländer hätte bei der Entstehung großer Sendegebiete partiell nachgeholt werden können. Die nordostdeutsche Rundfunkanstalt (NORA) mit Sitz in Berlin scheiterte am Veto der Fraktion der FDP, der Linken Liste, der PDS und der SPD-Fraktion in Mecklenburg-Vorpommern, welche den Beitritt zum NDR betrieb. Der Mitteldeutsche Rundfunk schuf ein großflächiges Sendegebiet, nachdem Thüringen auf Pläne der Kooperation mit Hessen verzichtet hatte, aber er wurde vielfach wie eine „Außenstelle des Bayerischen Rundfunks" angesehen (Steimle 1993: 116). Eine unverhüllt parteipolitische Personalpolitik wurde im Ostdeutschen Rundfunk in Brandenburg von der SPD im Gegenzug betrieben.

In allen Bereichen mit stark föderalistischer Zersplitterung der Kompetenzen schien der Bund allenfalls noch *viertelsouverän*. Grundlegende Innovationen der Reformpolitik konnten von ihm nicht erwartet werden. Mit begrenzter Intervention, bei Überlassung vieler Aufgaben an unbezahlte Kolonisatoren und Locatoren, wurden im Sinne der Ausdehnung des Status quo im Westen erstaunliche Erfolge erzielt, die an Gründlichkeit und Tiefe der Umgestaltung jeden sozialistischen Klassenkampf in den Schatten stellten.

Östliche Verbände waren noch nicht konfliktfähig und wo ihre Organisation stand, fehlte ihr das soziale Umfeld, das eine funktionierende Verbandsstruktur an informellen Netzwerken zur Verfügung stellt (Seibel 1994). Es hielten sich in Ostdeutschland unabhängig nur einige lokale und funktionale Gruppen, soweit sie geringe revindikative Funktionen hatten, wie im Bereich der Kulturschaffenden, oder dort, wo aus Statusgesichtspunkten westliche Verbände die potentiellen Mitglieder der DDR ausgrenzten, wie bei den berufsständischen Verbänden der Ingenieure in Westdeutschland (Eichener u.a. 1992, 1. Halbband: 250ff). In einer solchen Lage asymmetrischer Organisationspotential war es nicht verwunderlich, daß die westlichen Interessen sich durchsetzten und daß der Vereinheitlichungsdruck, der von gesellschaftlichen Organisationen ausging vielfach größer war als jener, den aufgeklärte Bürokraten auf der Ebene der staatlichen Akteure ausübten. Im Vakuum der Verbandslandschaft Ostdeutschlands mußte der Gesetzgeber zunächst die *heterogene Strukturbildung* zulassen, weil hier zentralisierte Entscheidung gar nicht möglich war (vgl. Manow-Borgwardt 1994). Der *Selbstverwal-*

tungspessimismus war durch westdeutsche Erfahrungen gerechtfertigt, in Ostdeutschland war *Selbstverwaltungsoptimismus* unumgänglich, um für staatliche Akteure überhaupt gesellschaftlich organisierte Gesprächspartner zu bekommen.

(4) Ein weiterer Grund dafür, daß eine große Reform des Systems der alten Bundesrepublik anläßlich der Wiedervereinigung nicht erwartet werden konnte, war die *prekäre Wissenslage*. Alle Daumenregeln von wissenschaftlicher Politikberatung bei Routine- und Innovationspolitik schienen außer Kraft gesetzt. Die Sozialismusexperten hatten über Nacht ihr kremlinologisches Arcana-Wissen verloren. Sie hatten so wenig wie die Generalisten außerhalb der Sozialismusforschung, das Scheitern des Sozialismus antizipiert. In vielen postkommunistischen Ländern liefen die Prozesse anscheinend regellos ab, sodaß man sich eher an Chaos- und Katastrophenprozessen als an stochastischen oder perioden Fluktuationen inspirieren mußte. Für deren Anwendung auf soziale Prozesse aber gab es allenfalls ein paar metaphorisch-taxonomische Theorieansätze (von Beyme 1992: 215ff).

In der DDR gab es wenig Anlaß von chaostheoretischen Analogien auszugehen, dennoch war das Transformationswissen auch hier ungesichert. Es gab Theorien über den Übergang vom Kapitalismus zum Sozialismus von Lenin bis Schumpeter, aber es gab keine Theorien über die umgekehrte Richtung. Es konnte sie auch nicht geben, denn eine einheitlich strategisch konzipierte Theorie verbot sich für eine pluralistische Gesellschaft von selbst. Nicht einmal wohlgeordnete Stadienschritte schienen den Anhängern der neuen politischen Ökonomie akzeptabel (Herder-Dorneich 1989).

Reformpolitik brauchte ein Konzept, das der mobilisierten Bevölkerung einleuchtend gemacht wird. Weil es dieses nicht gab, *verbot sich auch jede Mobilisierung*. Eine Minimalmobilisierung, die möglich gewesen wäre, wurde allerdings versäumt. Die Anfangseuphorie hätte zwar nicht mit einer Blut- und Tränenrede, wie sie Churchill 1939 hielt, genutzt werden müssen. Aber die künftigen Opfer für die Vereinigung hätten klar artikuliert werden müssen. Stattdessen glaubte man offenbar bei den Entscheidern selbst, daß die Vereinigung durch ein Gemisch von Schuldenfinanzierung und die auf die Europäische Union zu schiebende fällige Erhöhung der Mehrwertsteuer finanziert werden könnte. Der wirtschaftswissenschaftliche Sachverstand irrte über die Kosten zuweilen noch mehr als die Politikwissenschaftler, die eher dazu neigten zu erkennen, daß die prognostizierten 100-Milliarden-Beträge nicht einmal sondern jährlich anfallen würden (vgl. von Beyme 1993: 24ff). Die OECD (1993:77) kritisierte ebenfalls die mangelnden Prognosefähigkeiten der deutschen Akteure, welche dazu führte, daß die Transfers doppelt so hoch waren, wie veranschlagt. Diese Fehlprognosen waren nicht nur Selbsttäuschung sondern auch Täuschung: Täuschung der Wähler, denen man versprochen hatte, keine höheren Steuern einzuführen (Heinelt 1994:

55). Über die Einführung der Beitragsfinanzierung im Sozialen Sicherheits-system auch in Ostdeutschland ließ sich ein Teil der Vereinigungskosten auf den Bürger abwälzen.

In jeder Politikberatung gibt es drei Gruppen von Wissen:

- *Einigkeit der Wissenschaft* über die Analyse und die einzusetzenden Strategien.
- *Halb-Wissen*, wie Lazarsfeld und Marin (1981) das nannten, bei Un-einigkeit über die Analyse und die einzusetzende Strategie. Das bedeutet freilich nicht, daß nichts getan werden kann. Zu unser aller Nutzen weiß die Medizin nicht genau, wie Krebs entsteht, kann aber in vielen Fällen Geschwülste erfolgreich beseitigen.
- *Unwissen*. Es überwiegt bei Transformationsprozessen wie diesen. In vielen osteuropäischen Ländern machen Bürgerkriege und ethnische Konflikte, Mafia-Typ-Formen von Klientelkapitalismus und Kooperati-onsnetzwerke von Nomenklatureliten und neuen kapitalistischen Hazar-deuren die Prozesse unberechenbar. In Ostdeutschland ist man privile-giert, weil all dieses entfällt. Auch wenn man gelegentlich mafiose Ein-zeltransaktionen zu beklagen hat, kommen Transferzahlungen an ihr Ziel und versickern nicht überwiegend in den Taschen parasitärer Gruppen, die sich in der Zirkulationssphäre eingehaust haben, ohne die Produktion ernstlich ins Auge zu fassen.

Dennoch kamen auch in der DDR so viele Strukturbrüche zusammen, daß das Verhalten der Akteursadressaten der neuen Normen nicht berechnet wer-den konnte. Daß Investitionen durch *Unklarheit der Rechtslage* behindert werden, war einsichtig. Aber würde die Beseitigung dieser Hemmnisse die *Investitionsbereitschaft* fördern? Deutschland, mit hohen Ersparnissen in Ost und West, ist nicht in der Lage Rußlands, das notwendige Kapital nicht aus eigener Kraft aufbringen zu können (Hickel/Priebe 1994: 42). Lohnverzichts-strategien mit Investivlohnkompensation (Sinn/Sinn 1993: 252), die vorge-schlagen wurden, wirken strukturkonservierend und hätten vermutlich die Wanderungsbewegung nach Westen wieder intensiviert. Die zeitlich befriste-te Aussetzung der Mehrwertsteuer für Produkte in Ostdeutschland schien verlockend (Schiller 1994: 44f), aber hätte das nicht die Mitnahmeeffekte von westdeutschen Investoren, eine zeitlich befristete Ausdehnungs-produktion anzukurbeln, geradezu eingeladen? Kurzum, keine Strategie in der Diskussion beruhte auf leidlich gesichertem Wissen.

Das scheint noch nicht gravierender als die Ungesichertheit des Wissens in normaler Routinepolitik. Aber dieser Transformationsprozeß zwingt zu politisch motivierten Aktionen, die auch *gesichertem Wissen zuwiderlaufen*. Der Umtausch von Ostmark gegen DM kam einer Aufwertung von über 300% gleich. Wesentlich geringere Aufwertungen haben einige Länder – wie Großbritannien in den 20er Jahren – in eine schwere Krise gestürzt. Trotzdem wurde das Opfer für die Forderung nach nicht weiter aufgeschobenen Gratifikationen gebracht – gegen den Rat fast aller Ökonomen.

Nicht nur Statuspolitik war im Vereinigungsprozeß erfolgreich, sondern auch *Klassenpolitik*. Ein Teil der Landnahme in der Wirtschaftspolitik wird mit Modellen einer *Stamokap-Theorie* gedeutet werden (vorsichtig Offe 1994: 263): Ein Parafiscus, die Treuhand, Bankenkonsortien, Investorengruppen und Ministerialbürokraten entschieden über die Filetstücke der DDR-Produktivvermögen und verteilten sie. Im *Stromvertrag* haben die „drei großen Schwestern" der westdeutschen Energieversorgung mit der Regierung der DDR und der Treuhandanstalt – zur Erleichterung der staatlichen Akteure (Schäuble 1991: 224) – sogar an der Regierung vorbei die Weichen in Richtung einer oligopolistischen Marktwirtschaft gestellt. *Private interest government* in Deutschland! Nicht einmal der Rest des kommunalen „*Gas- und Wasser-Sozialismus*", den jede Marktwirtschaft duldet, wurde damit möglich – zum Ärger der ostdeutschen Kommunen.

Der Verdacht wurde laut, daß die westdeutschen Industrieinteressen so dominant waren, daß ausländische Investoren keine Chance bekamen. Bischofferode und SKET in Magdeburg oder Fritz Heckert in Chemnitz wurden als Beispiele genannt, wie Großbetriebe zerschlagen wurden und interessengerecht für westdeutsche Investoren zurechtgeschneidert wurden (Lehmbruch 1994: 26f). Aber es gab durchaus Gegenbeispiele wie die EKO-Stahlwerke in Eisenhüttenstadt, allerdings nur, wenn westdeutsche Konzerne kein hinreichendes Interesse zeigten. Außerdem haben Erhaltungsinitiativen der Länder, vor allem in Brandenburg und in Sachsen zunehmend die Alleinentscheidung der großindustriellen Interessenten konterkariert.

Die andere Seite der Klassenpolitik, die *Gewerkschaften*, waren im Vereinigungsprozeß zunächst kaum benachteiligt. Die Gewerkschaften waren die zögerlichsten Landnehmer unter den großen Interessenten, wurden aber rasch in die Rolle eines Anwalts der Angleichungsansprüche gedrängt. Die Rolle mußten sie spielen, weil der ständig sinkende gewerkschaftliche Organisationsgrad, der anfangs weit über Westniveau lag, zur Stabilisierung der eigenen Organisation zwang. Die Revindikationspolitik wird gegen den Rat der meisten Experten politisch akzeptiert. Nur ein paar linke Ökonomen haben ihre Bedenken ganz der Selbsterhaltungslogik gewerkschaftlicher Organisationsimperative untergeordnet (z.B. Hickel/Priewe 1994: 44f). Mit steigendem Potential des Linkspopulismus der PDS wächst die Bereitschaft, dem Druck übersteigerter Angleichungserwartungen nachzugeben, besonders in einem Superwahljahr wie 1994.

Das neue an der Umbruchssituation erscheint, daß politische Akteure wider besseres Transformationswissen handeln. Auch in Zeiten normaler Innovationspolitik werden Interessen durch distributive oder gar redistributive Politik positiv und negativ tangiert. Weite Sektoren der Gesellschaft hingegen sind von der Maßnahme nicht betroffen. Die Transformation hingegen bringt eine neue Lage für die Berater von Politikern mit sich: sie müssen weit stärker als üblich *Akzeptanz* ins Kalkül einbeziehen. Nie gab es so große Koalitionen von Gewinnern und Verlierern. Wissenschaftler werden in diesem Prozeß in gewisser Weise korrumpiert: sie äußern ihre Meinung und wenn die Politik anders entscheidet, beeilen sie sich, eine Verbeugung vor dem Primat der Politik zu machen (Schiller 1994: 38).

Man kann den gleichen Sachverhalt auch positiv formulieren: Etabliertes Spezialwissen löst in Transformationszeiten die Probleme nicht und behindert in fachlicher Enge den Kommunikationsprozeß. In Umbruchsituationen kann *soziale Kompetenz* wichtiger werden als *Sachkompetenz* (Czada 1994: 263). Aber dieser Euphemismus birgt populistische Gefahren. Der Dezisionismus stützt sich auf stimmungsdemokratische Prozesse zur Minimierung von Unzufriedenheit: Fachkompetenz muß dann durch große Anstrengungen – wie etwa im Bereich der *Arbeitsmarktpolitik* – wieder gutmachen, was soziale Kompetenz in vorauseilendem Gehorsam gegenüber der Volksmeinung angerichtet hat (etwa durch generöse Umtauschraten und zu rasche Lohnangleichung).

3   Evaluationsprobleme im Transformationsprozeß

Die Politikfeldforschung hat nach der *Implementation* die Phase der *Evaluation* entdeckt. Evaluation führt zur Neuformulierung von Politik, und die Zahl der *Beschleunigungs- und Änderungsgesetze* im Transformationsprozeß zeigte, daß die „improvisierte Vereinigung" (Lehmbruch) laufenden Amendierungsbedarf erzeugte. Es fehlte ein klares Konzept, es fehlte an Transformationswissen. Die schiere Zahl der Gesetze ließ ein aufeinander abgestimmtes Paket von Maßnahmen noch weniger entstehen als in herkömmlichen Innovationsprozessen.

Normalerweise wird bei der Evaluation der *„subjektiv gemeinte Sinn" einer Maßnahme* des Gesetzgebers als Beurteilungsgrundlage gewählt, und an ihm werden die Veränderungsgeschwindigkeit und Wirksamkeit einer politischen Entscheidung gemessen. Im Transformationsprozeß aber werden nicht rein immanente Beurteilungskriterien eingesetzt. Höchst unterschiedliche Maßstäbe werden zur Einschätzung angewendet:

(1) Die Veränderungsgeschwindigkeit und die Wirksamkeit von Transformationsentscheidungen. Dieser Maßstab legt die Werte des westlichen Systems zugrunde und beschränkt sich überwiegend auf die Messung ihrer Realisierung.

(2) *Das Ausmaß der Erhaltung von Institutionen und Errungenschaften der DDR* wird vor allem von Kritikern des Vereinigungsprozesses angewendet. Zwei Varianten treten auf:

(a) Das *normative Erhaltungsinteresse*, weil gewisse Einrichtungen der DDR als *sozial gerechter* gelten.

(b) Ein unideologisches, eher *funktionales Erhaltungsinteresse*, wenn Institutionen und Errungenschaften der DDR den Erfordernissen der Modernität angemessener erschienen als das westdeutsche Pendant.

(3) Eine *vergleichende Betrachtung*, die nicht von den Werten der Bundesrepublik oder der DDR ausgeht, sondern das strategische Durchsetzungsvermögen eines politischen Systems ins Zentrum rückt. Dabei werden Phasen der Innovationspolitik in Deutschland wie im Ausland und Prognosen über die künftige Entwicklung Ostdeutschlands miteinander verbunden.

(1) Gleichsam *wertneutral* und *westlastig* wird die Transformation im Osten vielfach nach *Tempo, Tiefgang, Richtungstreue und Steuerbarkeit des Prozesses* analysiert (Zapf). Die Beurteilung geht also von den Intentionen der Transformatoren aus. Nur am Rande werden diese Intentionen als restaurativ oder innovativ evaluiert. Nicht selten wird dabei unterstellt, daß die Handelnden eine klare Transformationsstrategie hatten. Für den Abschnitt bis 1991 ist das bezweifelt worden. Es gab zwar Ziele, aber keine klaren Vorstellungen über die Schritte, die zu diesen Zielen führen sollten.

Stellt man sich für Ostdeutschland auf den Boden dieser Kriterien, so waren *Tempo und Tiefgang* der Veränderung beträchtlich. Die Leninisten mit ihrer voluntaristischen Haururck-Politik nach 1917 und nach 1945 sind nicht annähernd so zügig und bruchlos in der Richtung ihrer Transformationsziele vorangekommen. Das lag vor allem daran, daß sie nur eine Minderheit der Bevölkerung mobilisieren konnten und ihre Maßnahmen gegen den Willen einer artikulationsunfähig gehaltenen Mehrheit durchzusetzen versuchten.

Die *Richtungstreue* der Transformation war im Gegensatz zu anderen exsozialistischen Ländern beträchtlich. Vor allem der Treuhandgesellschaft ist hohe Richtungstreue nachgesagt worden. Sie entlastete die Politik und zerbrach dennoch nicht an dem öffentlichen Druck, dem sie in der echt christlichen Figur des stellvertretenden Leidens (stellvertretend für die Regierung) ausgesetzt war (Seibel 1994: 34). In den meisten neuen Demokratien wurden Tempo und Zieltreue der Veränderung vielfach geändert. *Stop-and go-Maßnahmen* steigerten vor allem in Rußland nicht eben die Effizienz. Jelzins Präsidium erließ so viele und widersprechende Ukase, daß niemand sie mehr ernstnahm (von Beyme 1994: 245).

Am geringsten könnte die *Steuerbarkeit* des Prozesses in Ostdeutschland eingeschätzt werden. In einigen Arenen hat Bonn gesteuert, in den meisten hat die Regierung die Gestaltung den funktionalen und territorialen Interessengruppen überlassen. Aber vielleicht war die Veränderung gerade deshalb so erfolgreich – wenn auch um den Preis, daß keine Innovation des Gesamtsystems dabei herauskommen konnte. Unbestritten war, daß Arbeitsmarktpolitik in Ostdeutschland eingerichtet werden mußte. Makaber schien nur, daß die Arbeitsämter vielfach in die Stasi-Paläste einrückten. Aber welches Ausmaß sollte die Staatsintervention haben? Zur Korrektur der Fehler einer Währungsumstellung 1:1 / 1:2 und einer zu raschen Lohnangleichungspolitik mußte man den *„Arbeitsamtssozialismus"* forcieren.

Die Treuhand selbst war schon vom Paradoxon gekennzeichnet, daß sie den „Teufel" der Staatswirtschaft mit dem „Beelzebub" eines parastaatlichen Supertrusts austreiben mußte. Aber die Zieltreue zeigte sich auch in der Durchbrechung eines „ehernen Gesetzes der Bürokratie". Die Treuhand versuchte zielstrebig, sich selbst überflüssig zu machen und hielt den Zeitplan bis Ende 1994 ein. Ihre Zieltreue ließ genügend Flexibilität für Konzessionen an den Arbeitsmarkt. Selbst Ökonomen wie Karl Schiller (1994: 51), die keine Verächter des Keynesianismus waren, fanden, daß das lose Engagement der Treuhandanstalt an Beschäftigungsgesellschaften ein „ordnungspolitischer Sündenfall" war, eine Abweichung vom geplanten Prozeß der Privatisierung, der dem Geist von Artikel 25 Einigungsvertrag widerspräche. Steuerung wurde vorgenommen, aber es fehlte an kreativer Innovation über die in Westdeutschland entwickelten Instrumente hinaus (Heinelt, u.a. 1994: 7).

Wo der Bund steuerte oder sich durch parastaatliche Einrichtungen entlastete, kam das Gegenteil der verbreiteten Forderung nach Anpassung des institutionellen Rahmens an die neue Situation heran (Hüther 1993: 31, SVR 1992 :180): eine weitere *Zersplitterung und Informalisierung der Entscheidungsprozesse* durch Entstehung neuer *Beratungsgremien* und *Nebenhaushalte* (Czada 1994: 247). Seit Adam Smith sind letztere gesamtwirtschaftlich für bedenklich gehalten worden (Schiller 1994: 80). Aber solche Machtwanderungen von Gremien kennt man aus der Geschichte innovativer Politik auch sonst. Sind sie nicht Teil und Bedingung des Erfolgs, weil verkrustete Institutionen umgangen und von neuen Institutionen überspielt werden?

Faire Aussagen über den Transformationsprozeß lassen sich allenfalls durch Vergleich mit ähnlichen Prozessen gewinnen. Die *Privatisierung* wird als das Herzstück des Übergangs zur Marktwirtschaft angesehen. Für ihre Evaluation wurden sechs Kriterien entwickelt: *Tempo, Vollständigkeit, Sauberkeit* (möglichst wenig Korruption). *Chancengleichheit beim Erwerb von Eigentum, Effizienz der Wirtschaftseinheiten und ihres Managements, Fähigkeit ausländisches Kapital anzuziehen.* An diesen Kriterien gemessen ist das Treuhandmodell von Punkt 1-3 positiv zu beurteilen. Bei der *Chancengleichheit* hingegen muß das Urteil negativ ausfallen. Das Vouchermodell in Tschechien oder Rußland scheint hier überlegen. Aber was nutzt dort soziale Gerechtigkeit, wenn die notwendige Kapitalbildung nicht erfolgt? Bei der *Fähigkeit* eines Modells, *ausländisches Kapital anzulocken*, scheint das

Treuhandmodell günstiger als ein Voucher-System, und dennoch sind die Erfolge in diesem Punkt in Ostdeutschland weit hinter den Erwartungen zurückgeblieben. Das kann nicht nur mit der Aggressivität westdeutscher Investoren erklärt werden (von Beyme 1994: 219).

(2) Das Kriterium „*Ausmaß der Erhaltung von DDR-Institutionen*", die für sozial gerechter gehalten wurden, konnte entweder *strukturkonservativ* oder *funktionalistisch-innovativ* auftreten.

(a) Am häufigsten wurde dieser Vergleichsmaßstab in den Politikfeldern angelegt, die als *Errungenschaften des DDR-Systems* gegolten hatten, und von der westdeutschen Linken im Design – nicht in der Implementation – als vorbildlich empfunden wurden. Das *soziale Sicherungssystem und das Gesundheitssystem* sind vielfach zu den erhaltenswerten Einrichtungen gezählt worden. Auch das westdeutsche Gesundheitsministerium hat anhand von Indikatorenvergleichen festgestellt, daß das Gesundheitsniveau in manchen Bereichen im Osten nicht schlechter war als im Westen Deutschlands (BMG: Indikatoren. 1993: 628). Aber war das DDR-Gesundheitssystem und die soziale Sicherung – außer im Bereich der Präventiv- und Betriebsmedizin und im Bereich der Kindertagesstätten und der Vorsorge für Frauen, die arbeiten wollten, – als ganzes überlegen? (Vgl. Hockerts 1993)

Kritiker der Transformation, die überall Strukturbrüche und Rationalitätsschranken feststellten, waren aus einem vorgängigen Erhaltungsinteresse heraus offenbar bereit mit Widersprüchen ihrer Argumentation zu leben. Sie widersetzten sich der Förderung von Kleinunternehmen nicht, aber im Bereich der Arztpraxen sollte dies Prinzip nicht gelten. Soll das Erhaltungsinteresse sich sogar über die Interessen der betroffenen Ärzte-Berufsgruppe hinwegsetzen dürfen? Die Patienten haben sich noch kaum über ihre Präferenzen geäußert. Immerhin sahen laut Allensbach-Umfrage vom Juni 1994 39% der Ostdeutschen Verschlechterungen in der Krankenversorgung seit 1989, und nur 32% optierten dafür, daß die Lage in diesem Bereich sich verbessert habe (Köcher 1994: 5). Die Ärzte der DDR hingegen haben in großer Mehrheit nur allzugern ihre Kollektiveinrichtungen verlassen und gehören heute zu den Vereinigungsgewinnern. Aber gerade dieses Eigeninteresse einer Statusgruppe wird in einem solchen Beurteilungsdesign nicht akzeptiert.

Die Nostalgie nach dem Erhalt von „Errungenschaften" war vielfach ohne Sinn für die *Dynamik des modernen egalisierenden Rechtsstaats*. Im Absolutismus konnte das Elsaß vor über 300 Jahren annektiert werden und von Frankreich bis heute Sonderregelungen im Verwaltungs-, im Kirchen- und im Schulrecht garantiert bekommen. Im lückenlosen Rechtswegstaat mit steigenden sozialen Ansprüchen an den Staat mit der Tendenz nach Gleichheit, ist der *Druck zur Rechtsvereinheitlichung* größer geworden. Es waren gar nicht immer Einheitsmanager, die diese Angleichung forcierten. Schäuble (1991: 153) hat glaubhaft versichert, daß er sich die Rechtsübertragung ohne sofortige Einführung des „Nachtbackverbots" vorstellen könne, und daß im Bau-, Sozial- oder Umweltrecht der Perfektionismus westlicher Normen eher negative Folgen haben könnte. Gerade aktive Minister, wie Blüm oder Waigel, widersprachen dem damaligen Innenminister, weil sie schon an die Vermeidung künftiger Konflikte dachten. Die DDR-Unterhändler selbst haben in der zweiten Runde der Verhandlung in der Frage der Rechtsvereinheitlichung ihren Autonomiestandpunkt aufgegeben. Auch in diesem Bereich schien die vorauseilende Angleichung die beste Gewähr für einen friktionslosen Einstieg in die Anspruchsgrundlagen Westdeutschlands zu sein.

In einigen Bereichen hat die latente Mitgliedschaft der alten DDR in der EG und die sofortige Integration des Beitrittsgebiets in Europa zur Vereinheitlichung gezwungen. Manchmal ist Europa auch eher als Vorwand benutzt worden, wie in der Agrarpolitik (Lehmbruch 1994: 37).

(b) *Die Angepaßtheit von DDR-Institutionen an moderne Erfordernisse und an europäische Gegebenheiten* ist hingegen ein weiteres Evaluationskriterium, das nicht strukturkonservativ ist. Ist der „Rechtsabbiegerpfeil" wirklich die einzige Errungenschaft der DDR, die in ganz Deutschland Fuß faßte?

Differenzierte Politikfeldanalysen zeigten, daß mehr erhalten blieb, als auf den ersten Blick erkennbar, nicht nur in der Mentalität der Benutzung der neuen Institutionen. Die *Agrarpolitik* machte deutlich, daß eine gutorganisierte Statusgruppe nicht alles gegen die Betroffenen im Osten erreichen konnte. Die westdeutsche Agrarlobby hätte nur zu gern den mittelbäuerlichen Familienbetrieb restauriert, aber das war schwieriger als die Einführung der ärztlichen Privatpraxis. Die Neigung der LPG-Arbeiter zur Selbstausbeutung war nach 40 Jahren geregelter Arbeitszeit bei Annäherung an die Industrieeinkommen geschrumpft. Selbst das Wahlverhalten der ländlichen Peripherie der postkommunistischen Länder zeigte, daß der Westen sich die Kollektivbauern allzu antikommunistisch gedacht hat (von Beyme 1994: 292ff).

Ist die Erhaltung der großen Einheiten in neuer rechtlicher Verfassung positiv zu bewerten? Viele Transformationsforscher neigen dazu (Czada 1994, Lehmbruch 1994), und dies nicht aus strukturkonservativen Gründen der DDR-Nostalgie. Hauptkriterium ist die Anschlußfähigkeit der rationalisierten LPGs an das europäische Agrobusiness. Der Agrarbereich ist einer der wenigen, in denen der Sozialismus auf brutale Art des Bauernlegens – mit Ausnahme Polens – wenigstens so moderne Strukturen geschaffen hat, daß diese mit den mittelständisch gebremsten Konkurrenzeinheiten des Westens tendenziell konkurrenzfähig sind.

(3) Der *vergleichende Ansatz* in der Evaluation von Transformationsprozessen wird sich weder den westlichen Veränderungs- noch den östlichen Bewahrungsstandpunkt voll zu eigen machen. Er vergleicht die Veränderungsstrategien mit früheren Prozessen der Reformpolitik, wobei davon ausgegangen werden muß, daß die Kenntnisse über *Routine-* und *Innovationspolitik*

nicht auf alle Systemwechselprozesse angewandt werden können. Aber es muß davon ausgegangen werden, daß Handlungsrestriktionen und Rationalitätsschranken in Transformationsprozessen noch stärker wirken als bei normalen politischen Prozessen. Dem Vergleich ist oft ein agnostisches Akzeptieren des jeweiligen Status quo vorgeworfen worden. Richtig ist, daß der Vergleich zu vorsichtigeren Erwartungen im Hinblick auf das Machbare im Veränderungsprozeß kommt. Gegenwartsanalysen müssen mit Prognosen für die langfristige Entwicklung konfrontiert werden. Der vergleichende Evaluationsansatz hat den Vorteil, daß er seine langfristigen Urteile nicht bloß auf jeweils momentane Krisenszenarios stützt, die in die Zukunft projeziert werden. *Suboptimale Politik* (Lehmbruch 1994: 37) ist gleichsam das normale Ergebnis komplexer Politikprozesse. Eine optimale Politik, wie sie sich der Philosophenkönig wünscht, hat es vermutlich nie gegeben.

Die allerorts festgestellten *Verselbständigungstendenzen* erzeugten auch im Transformationsprozeß paradoxe Folgen. Die Kolonialisierung mag Institutionen überstülpen. Die Betroffenen nutzen sie für sich und deuten sie um, wie Nordamerika spätestens 1787 zeigte. Die Kolonisatoren werden langfristig mit ihren eigenen Mitteln geschlagen.

Die Lage für die 1989 etwa 50 Jahre Alten und Älteren war lamentabel. Aber man vergesse die Erfahrungen von 1945 nicht: als 1969 die sozialen Positionen von Einheimischen und Vertriebenen gemessen wurden, standen die vormals Deklassierten zum Teil besser da als die Einheimischen. Auch in Ostdeutschland wird sich bei den Jüngeren ein starker Wille zur Überwindung der *under dog*-Situation bemerkbar machen, dessen Resultate in 20 Jahren seltsam mit dem heutigen Lamento kontrastieren werden. Wer den Gedanken optisch plausibler findet, sehe sich den Film „Go Trabi, go" an.

Die Paradoxie der Folgen wird es möglich machen, daß die Angleichung relativ erfolgreich ist, obwohl nicht alle Benachteiligungsszenarios in den heutigen Analysen falsch sind. Ein Beispiel dafür, daß manche Kritiker das heute schon ahnen, ist die *Angleichung der Lebensverhältnisse*. Seltsam bleibt der Bruch zwischen düsteren Krisenszenarios und der Prognose bei einigen Autoren. Hickel und Priebe (1994: 295) lassen kein gutes Haar an der wirtschaftlichen und sozialen Vereinigung, halten es aber für möglich, daß 2010 die Angleichung der Lebensverhältnisse geglückt ist. Die regionalen Ungleichgewichte werden aber nicht verschwunden sein. Sie sind es im Westen und in anderen Demokratien auch nicht. Die Bundesrepublik wurde immer um ihre soziale Homogenität beneidet. Sie war das Produkt wenig beneidenswerter Prozesse: Hitlers brutales Experiment und das folgende Experiment Stalins und anderer Sieger mit Vertreibung, Durcheinanderwirbelung der Deutschen und der Angleichung der minimalen Überlebensbedingungen waren die Ursache. Wieviel Angleichung ist nötig, um meine Prognose (von Beyme 1993: 418) zu rechtfertigen, das Experiment sei zum Erfolg verdammt?

Es ist nicht sehr wahrscheinlich, daß Ostdeutschland Kommandozentrale wichtiger Wirtschaftszweige wird. Aber die Klage, daß die mitteldeutsche Auto- oder Elektroindustrie nur Zulieferer westlicher Konzerne werde, ist provinziell. Ganze Volkswirtschaften kleiner Länder sind Zulieferer für größere und leben gleichwohl, wie Holland oder Dänemark, an der Spitze des sozialen Fortschritts.

Selbst Nichtschwarzseher wie Karl Schiller (1994: 59) halten es für möglich, daß in Ostdeutschland quasi japanische *High-Tech-Inseln in einem Meer von „Mezzogiorno"* schwimmen werden. Aber die reale Entwicklung zeigt schon jetzt, daß zwei große Industrialisierungsschneisen sich von Marienborn bis Frankfurt/Oder und von Eisenach bis Dresden ziehen. Die nördliche Schneise ist bereits von archaischen Prozessen einer Herausbildung von SPD-Hochburgen begleitet. Sind zwei Industrialisierungskorridore nach Osten zu wenig? Hat man vergessen, daß die Bundesrepublik in ihren Aufschwungjahren drei Viertel der Investitionen, die Dauerarbeitsplätze schufen, in bloß sechs Großagglomerationen tätigte, obwohl damals alle Großstädte in Trümmern lagen und Industriestandort zu Schleuderpreisen anboten? (Heuer 1975: 187). *Verkehrsanbindung* zeigt sich schon jetzt als die wichtigste Determinante für die Standortsuche ab (Neubauer 1994: 27). Das hindert die rot-grünen Kritiker nicht, die Förderer der Ostsee-Trasse als „Autobahnstalinisten" zu denunzieren und gleichwohl über die Ausbreitung einer Morgenthau-Agrarlandschaft in Mecklenburg zu lamentieren.

Ausländische Investitionen in Ostdeutschland lassen generell zu wünschen übrig, aber dennoch liegt Brandenburg im Zuwachs bereits vor Schleswig-Holstein (Ausländisches Investivkapital... 1994: 22). Mecklenburg wird schwerlich ein prosperierendes Industriezentrum entwickeln, aber es wird von „scenery", Landwirtschaft, Veredelungsindustrie und Transfers leben können wie Schleswig-Holstein.

Das brutale Experiment von 1989 ist umstritten in seinen segensreichen Wirkungen als *„Rationalisierungskrise"*. Aber in manchen Bereichen zeichnet sich bereits ab, daß Ostdeutschland die zeitgemäße dienstleistungsorientierte Struktur entwickelt, die Westdeutschland fehlt, das die beste Industriestruktur der Welt hat – jedoch die der 60er Jahre.

Die Vereinigungsalarmisten können vor allem auf die *mentalen Vereinigungshemmnisse* verweisen. Kaum haben wir endgültig auf die Ostgebiete verzichtet, etabliert sich in Mitteldeutschland ein *neuer Osten*, auch wenn sich dort mancher durch das Hören des „Mitteldeutschen Rundfunks" über seine geographische Lage täuscht. Ein West-Ost-Gefälle, wie im alten Reich, wird lange erhalten bleiben. Vor allem im subjektiven Bereich.

Als Heidelberg, die älteste Universität Deutschlands, im Sektengezänk verschlissen, eine unsichere Wiedergründung des Großherzogs von Baden war, der nicht anzusehen war, daß sie bald einen Helmholtz, einen Bunsen oder einen Max Weber groß machen würde, waren Berlin, Leipzig, Halle oder Jena Zentrum als Bannerträger der sächsisch-preußischen Aufklärung. Heute erscheinen sie peripher, allerdings mit Chancen, wieder sektorale Zentren zu werden. Aber Greifswald, Frankfurt/Oder oder Cottbus müssen weiterhin mit vielen mentalen Reservationen rechnen.

Neben diesen hartnäckigen subjektiven Gefälle-Indikatoren gibt es objektive. Die frühe Industrialisierung im ältesten Industriegebiet Deutschlands, in Sachsen, führte zu einem Nachteil der *Wohnungsausstattung* auch gegenüber dem Ruhrgebiet von ca. einem Viertel. Dieser „lag" hat sich auch in Jahrzehnten nationaler Einheit nicht durch Baupolitik ausgleichen lassen (von Beyme 1987: 296 et passim). Die Wohnungslage im Osten wird auch künftig auf lange benachteiligt bleiben. Wichtiger als solche objektiven Nachteile bleiben jedoch psychische Differenzen, von deren Überwindung wir noch wenig berichten können, und die erfahrungsgemäß mit steigenden Erwartungen und steigender Konfliktfähigkeit der Ostdeutschen noch zunehmen werden. Aber diese mentalen Differenzen sind von der politischen Steuerung am wenigsten zu erfassen.

Vielleicht erlaubt die Paradoxie der Folgen auch in diesen mentalen Differenzen nicht nur Nachteile zu erkennen. Das ostdeutsche Sonderbewußtsein stabilisiert die Bevölkerung im Osten. Die Wanderungsbewegungen von Ost nach West werden von Alarmisten als gefährliche Erosion empfunden. Per Saldo sind sie mit weniger als 200.000 pro Jahr statt über eine halbe Million 1990 geringer als die Nordsüdwanderungen in Westdeutschland.

Alle drei Beurteilungsmaßstäbe haben ihre Berechtigung, wenn sie ihre Prämissen explizit machen:

–   Der *Status-quo Standpunkt,* der die Angleichung der Problemlösungen in Ost und West forciert, muß sich mit den Folgen einer solchen Vereinigungsstrategie konfrontieren lassen.

–   Der Ansatz, der die *für überlegen oder adäquat gehaltenen DDR-Einrichtungen erhalten wissen will* und möglichst für ganz Deutschland adaptieren möchte, wird vor allem die Durchsetzbarkeit seiner Hoffnungen reflektieren müssen.

–   Der *vergleichende Ansatz,* der die Erfahrungen von anderen großen Innovations- und Transformationsprozessen verarbeitet, wird Bestandserhaltungs- und Transformationsinteresse auf mehreren Ebenen abwägen und geht am wenigsten von fixierten Zielvorstellungen aus. Was ihm an Veränderungs- oder Erhaltungspathos fehlt, kann er durch eine distanziertere Betrachtung langfristiger Prozesse ausgleichen. Dabei kann er sich sowohl den Krisenszenarios der Adaptionsstrategien als auch den normativen Klagen der Bestandserhaltungsapologeten entziehen und bei aller Kritik im einzelnen zu einem fairen Gesamtbild in der Evaluation des Transformationsprozesses vorstoßen.

Resümée

Die Transformation in Ostdeutschland wird vorwiegend als *Steuerungsproblem* beleuchtet. Dabei zeigt sich, daß *der Staat* in einigen Bereichen effizient *steuerte* (z.B. in der Arbeitsmarktpolitik), zum Teil, weil er in anderen Bereichen falsche Weichen stellte (wie in der Eigentums- und Privatisierungspolitik). Die christdemokratisch-liberale Regierung entwickelte sektoral einen *Vereinigungskeynesianismus wider Willen*. Gelegentlich hat der Bund sogar „übersteuert", weil die Länder nicht zahlungswillig oder -fähig schienen, wie in der Kulturpolitik.

In anderen Bereichen überließ er nach der Setzung eines normativen Rahmens das Feld *parastaatlichen Einrichtungen*, wie der Treuhand. In den meisten Arenen beherrschten *organisierte Interessen* das Feld, vor allem in jenen Statusbereichen, in denen die Regierung sich gezwungen sah, sich an anderer Stelle mit den Interessenverbänden anzulegen, weil größere Reformen im Bereich der Gesundheitspolitik und des sozialen Sicherungssystems in der 12. Legislaturperiode auf der Agenda standen (vgl. Matrix).

Daß die Interessengruppen im Zeitalter eines fehlenden generellen Normenkonsenses nur noch ein Interesse an der Erhaltung des übergreifenden Systems haben (Mayntz 1992a: 18), ist eine ehrwürdige Binsenweisheit der Verbandsforschung. Das „entfremdete Interesse von Organisationen an sich selbst" wird im Zeitalter postmoderner Selbststeuerungstheorien nach der autopoietischen Wende in der Systemtheorie milder als in der früheren Linken beurteilt. Die Interessen verhielten sich erwartungsgemäß, und nur in wenigen Bereichen richteten sie großen Schaden an, weil sie dem begründeten Erhaltungsinteresse der DDR-Einrichtungen, die sich nur schwach artikulieren konnten, nicht nachgaben.

Die Steuerungsfähigkeit des halbsouveränen Staats der Bundesrepublik in der „Stunde der Exekutive" war größer als man erwarten konnte, zumal viele andere Akteure (z.B. die Länder und die Gewerkschaften) noch weit hilfloser erschienen. Dennoch war die sektorale Fragmentierung der Problemverarbeitung im Transformationsprozeß noch größer als bei der herkömmlichen Innovationspolitik. Die Netzwerke von staatlichen, parastaatlichen und Verbandsinteressen haben – ohne große Innovationsabsichten – die Übertragung der Einrichtungen der Bundesrepublik bewerkstelligt. *Gesellschaftliche Selbstregulierung aber schließt große gesamtstaatliche Reformen aus.*

Matrix: Akteure und Ziele der Steuerung im Transformationsprozeß

	Dominante Akteure		
	staatliche	parastaatliche	Interessenten und Verbände
Bestandserhaltung für Institutionen und Regulierungen	Arbeitsmarktpolitik (aktive Teile) Kultur- und Denkmalpolitik Wirtschaftliche Strukturpolitik der neuen Länder Schulpolitik der neuen Länder	Beschäftigungs-auflagen der Treuhand Beschäftigungs-gesellschaften	Agrarpolitik Lohnpolitik und Arbeitsplatzerhal-tungspolitik der Gewerkschaften
Transformation und Übernahme west-deutscher Lösungen	Verfassungspolitik Föderalismuspolitik Finanzpolitik Rechtspolitik (überwiegend) krass: § 218 Frauenpolitik Beamtenpolitik Rundfunk	Privatisierungspolitik Geldpolitik Abwicklung der Hochschulen politik Abwicklung	Soziales Sicherheits-system Gesundheitswesen Forschungspolitik Investitionspolitik der wirtschaftlichen Akteure der Forschungs-einrichtungen

Gerhard Lehmbruch (1994) zog es vor, von *Transformationsdynamik* zu spre-chen, da es *Transformationsstrategien* allenfalls sektoral gab. Dies schließt aber nicht aus, von Steuerung zu sprechen. Mangelnde Konzepte wurden gelegent-lich durch *Dezisionismus* ausgeglichen, wie überhaupt die erste Phase der Ei-nigung Machiavellis wissenschaftlich wenig gesichertem Zusammenwirken von virtù, fortuna und necessità geglichen hat. Angesichts solcher Verselb-ständigungstendenzen der Prozesse ist es nicht verwunderlich, daß ein altes Paradoxon der Bundesrepublik sich zuspitzte: die beiden großen Volkspar-teien erreichten jeweils das Gegenteil von dem, was sie auf ihre Fahnen ge-schrieben hatten. Die SPD unter Schmidt wollte *Arbeitsmarktpolitik*, war aber erfolgreich in der Realisierung des Unions-Ziels Nr.1: der *Inflationsbe-kämpfung*. Kohl wollte keine „sozialdemokratische" aktive Arbeitsmarkts-politik und mußte gerade diese in gigantischem Maße schaffen, so daß sie

schwedischer erscheint als die schwedische Arbeitsmarktpolitik auf ihren
sozialdemokratischen Höhepunkten (Schmidt 1994).

Im Lichte dieses hier beschriebenen „*Steuerungschaos*" waren große Innovationen nicht zu erwarten. Das ist umso bedauerlicher, als ihre Unerle-
digtheit den Prozeß des Zusammenwachsens der beiden Teile Deutschlands
belastet. Viele Reformen wären wünschbar gewesen. Als die *Verbeamtung* in
Ostdeutschland stark umstritten war, hätte ein Verbeamtungsstopp in ganz
Deutschland vielleicht den „ersten Schritt in die richtige Richtung" – wie das
im Bonn-Deutsch heute genannt wird – darstellen können. Aber die Beam-
tenlobby, die ihr Interesse sogar im Grundgesetz zementierte, war stärker.
Eine *Föderalismusreform* war überfällig, nicht nur als Reform des horizonta-
len Finanzausgleichs. Aber sollte man wirklich das zarte Pflänzchen eines
Regionalbewußtseins in den neuen Bundesländern durch rationale Flächen-
zusammenlegungspolitik wieder ausjäten?

Eine gewagte Parallele soll die Realitätsfremdheit hinsichtlich einer umfassenden Föderalismusreform bei der Wiedervereinigung verdeutlichen.
Quebec drohte 1994 mit dem Austritt aus dem kanadischen Staatsverband.
Für den Fall, daß das Abspaltungsreferendum eine Mehrheit findet, halten
amerikanische und kanadische Experten es nicht für ausgeschlossen, daß die
dann durch einen souveränen frankophonen Staat getrennten anglophonen
Staaten Kanadas um Aufnahme in die USA bitten. Auf meine Frage, ob in
einem solchen Fall die überfällige amerikanische Föderalismusreform in Angriff genommen würde, war die spontane Anwort: das sei unwahrscheinlich.
Die USA würden ihr System vermutlich nicht ändern, obwohl sie intakte
marktwirtschaftliche Gebiete inkorporieren könnten – um wieviel unwahr-
scheinlicher mußte eine solche wünschenswerte Fundamentalreform in
Deutschland sein, wo ein in Wirtschaft und Gesellschaft radikal differierendes
Gebilde integriert werden mußte.

Verfassungsänderungen standen 1990 auch in Deutschland auf der Ta-
gesordnung. Ich meine nicht die Staatsziel-Romantik, die Hauptergebnis des
Verfassungsprozesses 1993/94 wurde, sondern Änderungen bei Föderalismus
und im Institutionengefüge der Gewalten, vor allem in der Frage des Parla-
mentsauflösungsrechts (vgl. Hirsch 1994). Aber auch diese Desiderate konnten keine Aufmerksamkeit in der „Vordringlichkeit des Befristeten" (Luhmann) auf sich ziehen. Die *Non-Decisions* in diesen Bereichen sind bedauer-
lich, aber zugleich erklärlich.

Viele der geschilderten Friktionen werden auch den Westen zunehmend
ändern. Von einem „*Schleichweg in die Dritte Republik*" (Czada 1994)
möchte ich gleichwohl nicht reden. Die Differenzen der Transformationspo-
litik in Ostdeutschland zum politischen „business as usual" in Bonn sind dafür nicht groß genug. Ein Vergleich zur Transformation nach 1949 muß uns
vorsichtig machen. Non-Decisions und Reformversäumnisse all-überall! Ein
Land lag in Trümmern, aber es blieb 11 Jahre ohne Bundesbaugesetz und 22

Jahre ohne Städtebaugesetz. Die Anforderungsbedingungen waren damals ungleich härter als die nicht so rosige Lage im heutigen Ostdeutschland, und doch unterblieben viele Innovationen, die selbst die Alliierten uns aufdrängen wollten, vom modernisierten Föderalismus bis zum vereinheitlichten sozialen Sicherungssystem. Trotz dieser versäumten Reformen wurde die Geschichte dieser Republik eine Erfolgsstory!

Italien hat 1994 eine neue Gruppierung an die Macht gebracht. Ihr beliebtester Slogan, „*mani pulite*" (saubere Hände), stammt aus der ersten Republik von den verhaßten linken Systemparteien. Nach weniger als einem halben Jahr Propaganda für die „zweite Republik" versinkt das Land im Korruptionsdickicht der ersten Republik. In Deutschland war die Verschiebung der politischen Kräfte, trotz Vereinigung, weit geringer als in der letzten italienischen Wahl, daher sollten wir eine Debatte um eine Republik nicht leichtsinnig vom Zaun brechen. Was geschah tatsächlich in Deutschland? Ein beschleunigter Wandel bei erstaunlich viel Kontinuität der Politikdurchsetzungsmuster im halb-souveränen Staat.

Soll die Wissenschaft angesichts dieses eher optimistischen Szenarios ihre eingangs erwähnte Kritik am Vereinigungsprozeß einstellen? Keineswegs! Rainer Lepsius (1990) hat die inkompetente aber legitime Kritik der Intellektuellen der kompetenten Kritik der Wissenschaft gegenübergestellt. Beide Formen der Kritik sind legitim. Die – angesichts der Restriktionen im System – „*inkompetent*" erscheinende Kritik der Intellektuellen bleibt legitim. Sie wird nur immer unrealistischer, weil viele vermeintlich falsche Weichenstellungen nicht mehr rückgängig zu machen sind, sondern nur noch durch Reparaturgesetze in ihren Folgen gemildert werden können. Die *kompetente Kritik* der Sozialwissenschaften an vielen Details des Vereinigungsprozesses hingegen bleibt wirksam. Es kann nicht Aufgabe der Wissenschaft sein, rein affirmativ die Fehler der Politik zu Tugenden zu stilisieren. Die Kritik bleibt wirksam, weil sie veränderbare Detailprozesse betrifft. Ohne diese Kritik könnten selbst die Erfolge, die sich aus der Paradoxie der Folgen ergaben, künftig ausbleiben, und ein unkritischer Optimismus müßte für künftige Weichenstellungen zur „*self-destroying prophecy*" werden.

Literatur:

M. Ackermann: Der kulturelle Einigungsprozeß. Bonn, Friedrich-Ebert-Stiftung 1991

Allensbacher Jahrbuch der Demoskopie 1984-1992. München, Saur, 1993

J. Allmendinger: Staatskultur und Marktkultur, ostdeutsche Orchester im Vergleich. In: Stiftung mitteldeutscher Kulturrat (Hrsg.): Kultur und Kulturträger in der DDR. Berlin, Akademie-Verlag 1993: 215-281

Ausländisches Investivkapital. Die Zeit, Nr.31, 1994: 22

K. von Beyme: Der Wiederaufbau. Architektur und Städtebaupolitik in beiden deutschen Staaten. München, Piper, 1987

K. von Beyme: Das deutsche Nationalbewußtsein im internationalen Vergleich. In: Ders.: Der Vergleich in der Politikwissenschaft, München, Piper, 1988: 302-326

K. von Beyme: Theorie der Politik im 20. Jahrhundert. Von der Moderne zur Postmoderne. Frankfurt, Suhrkamp, 1992 2. Aufl.

K. von Beyme: Das politische System der Bundesrepublik Deutschland nach der Vereinigung. München, Piper, 1993, 3. Aufl.

K. von Beyme: Systemwechsel in Osteuropa. Frankfurt, Suhrkamp, 1994

Bundesministerium für Gesundheit (Hrsg.): Indikatoren zum Gesundheitszustand der Bevölkerung in der ehemaligen DDR. Bonn, Schriftenreihe des BMG, Bd.23 1993

R. Czada: Schleichweg in die „Dritte Republik". Politik der Vereinigung und politischer Wandel in Deutschland. PVS, 1994: 245-270

W. Däubler: Die Einheitlichkeit der Lebensverhältnisse als Verfassungsgebot. In: H. Däubler-Gmelin u.a. (Hrsg.): Gegenrede Festschrift für E.G. Mahrenholz. Baden-Baden, Nomos, 1994

V. Eichener u.a. (Hrsg.): Organisierte Interessen in Ostdeutschland. Marburg, Metropolis, 1992, 2. Halbbände

W. Fischer u.a. (Hrsg.): Treuhandanstalt. Das unmögliche Wagen. Berlin, Akademie-Verlag, 1993

H. Heinelt u.a.: Arbeitsmarktpolitik nach der Vereinigung. Berlin, Sigma, 1994

Ph. Herder-Dorneich: Perestroika und Ordnungspolitik. Modelle der Systemreform in Teilschritten. Baden-Baden, Nomos 1989

H. Heuer: Sozioökonomische Bestimmungsfaktoren der Stadtentwicklung. Stuttgart, Kohlhammer, 1975

R. Hickel/J. Priebe: Nach dem Fehlstart. Ökonomische Perspektiven der deutschen Einigung. Frankfurt, Fischer, 1994

B. und A. Hirsch: Bemerkungen zum Recht des Bundestages auf Selbstauflösung. In: H. Däubler-Gmelin u.a. (Hrsg.) Gegenrede. Festschrift für E.G. Mahrenholz. Baden-Baden, Nomos, 1994: 387-396

H.-G. Hockerts: Grundlinien und soziale Folgen der Sozialpolitik. In: H. Kaelble u.a. (Hrsg.): Sozialgeschichte der DDR. Stuttgart, Klett-Cotta, 1994: 519-544

M. Hüther: Integration der Transformation. Überlegungen zur Wirtschaftspolitik für das vereinigte Deutschland. Jahrbuch für Sozialwissenschaft, 1993: 31-52

P. Katzenstein: Policy and Politics in West Germany. The Growth of a Semisovereign-State. Philadelphia, Temple UP 1989

R. Köcher: Blühende Landschaften, welkende Launen? Stimmungsumschwung in den neuen Bundesländern. FAZ, 13.4.1994: 5

G. Lehmbruch: Institutionen, Interessen und sektorale Variationen in der Transformationsdynamik der politischen Ökonomie Ostdeutschlands. Journal für Sozialforschung 1994: 21-44

M. R. Lepsius: Kritik als Beruf. In: Ders.: Interessen, Ideen und Institutionen. Opladen, Westdeutscher Verlag, 1990: 270-285

M.R. Lepsius: Zum Aufbau der Soziologie in Ostdeutschland. KZfSS 1993: 305-337

Ph. Manow-Borgwardt: Die Sozialversicherung in der DDR und der BRD 1945-1990: Über die Fortschrittlichkeit rückschrittlicher Institutionen. PVS 1994: 40-61

B. Marin: What is Half-Knowledge? Sufficient for and when? In: Knowledge: Creation, Diffusion, Utilization, Bd.3, 1981: 43-60

R. Mayntz: Die außeruniversitäre Forschung im Prozeß der deutschen Einigung. Leviathan 1992: 64-82

R. Mayntz (Hrsg.): Verbände zwischen Mitgliederinteressen und Gemeinwohl. Gütersloh 1992 (a)

F. Naschold: Kassenärzte und Krankenversicherungsreform. Zu einer Theorie der Statuspolitik. Freiburg, Alber, 1967

R. Neubauer: Aus fremden Töpfen. Die Zeit, Nr.25, 1994: 27

E. Noelle-Neumann: Eine Nation zu werden ist schwer. FAZ. 10.8.1994: 5

F. Nullmeier/F.W. Rüb: Die Transformation der Sozialpolitik. Vom Sozialstaat zum Sicherungsstaat. Frankfurt, Campus, 1993

OECD: Economic Surveys. Germany, 1993

C. Offe: Der Tunnel am Ende des Lichts. Erkundungen der politischen Transformation im Neuen Osten. Frankfurt, Campus, 1994

D. Patton: Social Coalitions, Political Strategies and German Unification, 1990-1993. West European Politics, 1993: 470-491

Ch. Perschke-Hartmann: Die doppelte Reform. Gesundheitspolitik von Blüm zu Seehofer. Opladen, Leske + Budrich 1994

Sachverständigenrat (SVR) zur Begutachtung der gesamtwirtschaftlichen Entwicklung. Jahresgutachten 1991/92, 1992/93

H. Schmitt: So dicht war die Mauer nicht! Über Parteibindungen und cleavages in Ostdeutschland. In: P. Eisenmann/ G. Hirscher (Hrsg.): Die Entwicklung der Volksparteien im vereinten Deutschland. Bonn Aktuell, 1992: 229-251

W. Schäuble: Der Vertrag. Stuttgart, DVA, 1991

K. Schiller: Der schwierige Weg in die offene Gesellschaft. Kritische Anmerkungen zur deutschen Vereinigung. Berlin, Siedler 1994

M.G. Schmidt: The domestic economic policy of Germany in the post 1989 period. Heidelberg, mimeo 1994

W. Seibel u.a. (Hrsg.): Verwaltungsreform und Verwaltungsprozeß im Prozeß der deutschen Einigung. Baden-Baden, Nomos 1993

W. Seibel: Strategische Fehler oder erfolgreiches Scheitern? Zur Entwicklungslogik der Treuhandanstalt 1990-1993. PVS, 1994: 2-39

H. Siebert: Das Wagnis der Einheit. Eine wirtschaftspolitische Therapie. Stuttgart, DVA 1992

G. & H.-W. Sinn: Kaltstart. Volkswirtschaftliche Aspekte der deutschen Vereinigung. Tübingen, Mohr 1993, 3. Aufl.

S. Steimle: Rundfunkpolitik im vereinten Deutschland. Heidelberg, Mag.Diss, 1993

SVR: Sachverständigenrat zur Begutachtung der gesamtwirtschaftlichen Entwicklung. Jahresgutachten.

B. Westle: Traditionalismus, Verfassungspatriotismus und Postnationalismus im vereinten Deutschland. Mannheim (hektographiert), 1994

Wolfgang Zapf

Zwei Geschwindigkeiten in Ost- und Westdeutschland[*]

I

Prozesse des sozialen Wandels kann man nach Tempo, Tiefgang, Richtung und Steuerbarkeit untersuchen. Wir sprechen von Revolutionen, wenn es sich um einschneidende gesamtgesellschaftliche Veränderungen mit großer Geschwindigkeit handelt. Die Richtung ist insoweit bestimmt, als das ançien régime zerschlagen werden soll; der weitere historische Verlauf ist jedoch offen und in den meisten historischen Fällen nicht gesteuert.

Die Transformationsprozesse in den sozialistischen Gesellschaften hatten praktisch alle eine revolutionäre Phase. In den meisten Fällen war auch die Richtung klar: von der Diktatur zur Demokratie, von der Kommandowirtschaft zur Marktwirtschaft, aus dem Mangel zum Wohlstand. Inzwischen haben wir gelernt, daß der gesellschaftliche Konsens über diese Richtung in einer Reihe von post-kommunistischen Ländern in Frage gestellt ist bzw. daß sich andere Ziele, insbesondere der nationalistischen Dominanz oder Separation, vor diese Transformationsziele geschoben haben (K. Müller 1992). Wir haben gelernt, daß es breakdowns of transformation in der gleichen Art geben kann, wie es immer wieder breakdowns of modernization (Eisenstadt) gegeben hat.

Die Transformation in Ostdeutschland hatte nun die Besonderheit, daß sie nach ihrer revolutionären Phase, seit den ersten freien Volkskammerwahlen am 18. März 1990, nicht nur eine eindeutige Richtung zu haben schien, sondern, wie man glaubte, auch gut gesteuert werden könnte: durch die Vertragswerke der Währungs- und Sozialunion, durch den Beitritt der neuen ostdeutschen Länder zur Bundesrepublik, durch die Übertragung der bundesrepublikanischen Institutionen in fast allen Lebensbereichen. Der westdeutsche Wiederaufbau und das westdeutsche Wirtschaftswunder sollten sich wiederholen, aber schneller als in der Zeit von 1945 bis 1965, viel schneller, viermal so schnell. Nicht wenige dachten, in fünf Jahren zu schaffen, was in der Bundesrepublik 20 Jahre gebraucht hatte.

Fünf Jahre nach dem Fall der Mauer können wir eine Zwischenbilanz über Tempo, Tiefgang, Richtung und Steuerbarkeit der deutschen Transformation ziehen, und zwar nicht nur der ostdeutschen, sondern auch der westdeutschen und der gesamtdeutschen Transformation im internationalen Vergleich. Rainer Lepsius hat dies im Herbst 1990 für die Sozialwissenschaften die Aufgabe der „Selbstreflexion der deutschen Entwicklung" genannt, und er hat damals vorausgesagt, daß es zu erheblichen Spannungen und Verzögerungen zwischen „Institutionenbildung" einerseits und „der politischen Kulturformierung" andererseits kommen wird, wie schon nach 1945 in Westdeutschland. „Für die Legitimation der neuen Institutionen gibt es zwar einen Vertrauensvorschuß, der über die Zeit durch die Anerkennung ihrer Effizienz und Wertbezogenheit noch eingelöst werden muß. Das Funktionieren der Institutionen prägt auf Dauer auch die politische Kultur. Zunächst aber bestehen diese Institutionen in relativer Abkoppelung von der individuellen Lebenserfahrung und biographischen Identitätsformung der Menschen ..." (Lepsius 1991a, S. 73, 76). Lepsius war sich aber sicher, daß mindestens im Wissenschaftsbereich eine rasche Übernahme der westdeutschen Institutionen, und zu Teilen westdeutschen Leitungspersonals, der vernünftige und gebotene Weg der Transformation sei. Er hat das für das Fach Soziologie beispielgebend in zäher Arbeit umgesetzt. Er sagte 1991, es könne „ein historisch begründetes regionales ‚Sonderbewußtsein' der Soziologie in den neuen Bundesländern kein Zukunftsziel sein. Das, was heute als ‚Durchmischung' für den Osten gilt, wird dann gar nicht mehr feststellbar sein" (Lepsius 1991b, S. 144). Ich weiß, daß er auch für andere Lebens- und Politikbereiche diese Konzeption der Transformation vertreten hat, und zwar mit größerer Härte und Entschiedenheit als die meisten anderen Beobachter. In der Wissenschaft waren die Steuerungsmöglichkeiten immerhin ausreichend gegeben, aber auch hier war die Zeit sehr knapp. In anderen Bereichen gab es zwar realistische Vorstellungen über den notwendigen Tiefgang und die Richtung des Wandels, aber die Probleme der Geschwindigkeit und der Steuerbarkeit wurden wohl sehr unterschätzt. Nochmals Lepsius: „Jedes soziale System erfordert große Leistungen der Individuen zur Sinnstiftung angesichts der Irrationalitäten der eigenen Lebenserfahrungen innerhalb der Systembindung" (Lepsius 1991a, S. 73).

II

Die deutsche Transformation läßt sich nicht zuletzt durch ganz unterschiedliche Geschwindigkeiten in Ost und West, durch mehrere rapide Umbruchssequenzen im Osten und durch eine sehr langsame Reaktion auf die neue Lage im Westen charakterisieren.

Zu den Voraussetzungen des Zusammenbruchs der DDR gehörten der „Stau" und die „Blockade" (Kohli 1994) der gesellschaftlichen Differenzierung und der individuellen Wohlfahrtsentwicklung, besonders in den 1980er Jahren. Die DDR trug von Anfang an den Makel der wirtschaftlichen Unterlegenheit. Der Wohlstand der DDR (gemessen am Bruttoinlandsprodukt pro Kopf) betrug 1950 50% und 1970 nurmehr 36% der Bundesrepublik – gemäß Berechnungen nach der Wende, die die bis dahin gehandelten Werte weit nach unten korrigierten (Merkel/Wahl 1991). Danach kam die DDR ganz gut über die 1970er Jahre und verringerte ihren Abstand zur Bundesrepublik geringfügig. Die 1980er Jahre waren jedoch ein Jahrzehnt der krisenhaften Stagnation, während die Bundesrepublik seit 1983 einen weiteren Aufschwung erlebte, der aufgrund der politisch ausgehandelten Reiseerleichterung von zahlreichen DDR-Bürgern besichtigt werden konnte. Schließlich verzeichnete man pro Jahr (1987) 3.9 Mio. Rentnerreisen und 1.2 Mio. Reisen jüngerer Personen aus der DDR (Zapf/Habich 1994).

DDR-Stagnation, Wachstumsschub im Westen und Reiseerleichterungen waren der Hintergrund für die im Sommer 1989 einsetzende Flucht- und Ausreisewelle, in der 1989 in wenigen Monaten 388 Tsd. und im Jahr 1990 395 Tsd. Übersiedlungen von Ost nach West den Druck produzierten, der den raschen Beitritt zur bevorzugten Alternative werden ließ. Man muß sich nur einmal vergegenwärtigen, daß im November 1989 im 10-Punkte-Plan von Bundeskanzler Kohl noch von „konföderativen Strukturen" und von einer Föderation ohne zeitliche Festlegung die Rede war und daß der Umschwung in 329 Tagen, so der Buchtitel von Horst Teltschik (Teltschik 1991), erfolgte, wobei die DDR-Bürger in zwei Wahlen ins Geschehen eingreifen konnten. Der Zusammenbruch der DDR war jedoch – ermöglicht vom sowjetischen Verzicht auf gewaltsame Repression – das Resultat einer einmaligen Kombination von Exit und Voice (Hirschman), von rapider Massenabwanderung und Massenprotest. Es gibt von Karl-Dieter Opp (1991) die interessante Theorie, daß es sich bei den über Wochen steigernden Demonstrationen, genauso wie bei der Massenabwanderung, um einen sich selbst organisierenden Beschleunigungsprozeß handelte, der nicht auf Führung, sondern auf „Ansteckung" (Diffusion) beruhte, im Sinne der sich rasch verbreitenden Erfahrung, daß Protest jetzt gewaltlos möglich war. Bekanntlich haben die Massenproteste nach Festlegung der Volkskammerwahlen rasch abgenommen, während die Abwanderung sich auf niedrigerem Niveau stabilisiert hat und seit 1991 von einer West-Ost-Wanderung begleitet wird, die z.T. eine Rückwanderung ist. 1993 betrug die Ost-West-Wanderung noch 172 Tsd., die West-Ost-Wanderung bereits 119 Tsd.

Die beiden nächsten Beschleunigungsprozesse waren die demographischen Einbrüche und die Einbrüche auf dem ostdeutschen Arbeitsmarkt. Der Rückgang von Eheschließungen, Geburten und Scheidungen sowie der Verlust von Arbeitsplätzen erreichen fast zeitgleich (bei einem geringen Vorlauf der demographischen Prozesse) ihren Höhepunkt im Jahre 1991, setzen sich 1992 fort und werden dann 1993 abgebremst. Es liegt nahe, einen einfachen Kausalzusammenhang dergestalt anzunehmen, daß die Beschäftigungskrise die demographischen Einbrüche ausgelöst hat. Ich möchte demgegenüber von einem komplexeren Zusammenhang ausgehen. Der Geburtenrückgang betrug von 1990 auf 1991 40%, 91/92 19%, 92/93 8% und ist noch immer nicht beendet – auf einem Geburtenniveau von inzwischen 47% des west-deutschen Niveaus, das praktisch stabil geblieben ist. Der Rückgang der Ehe-schließungen betrug von 1990 auf 1991 gar 50%, 91/92 noch 5%, und kehrt sich 92/93 in einen leichten Wiederanstieg um – auf einem Heiratsniveau von 52% des westdeutschen. (Noch drastischer sind 90/91 die Scheidungen zu-rückgegangen, aber 92/93 wieder kräftig angestiegen.)

Wir haben die Veränderungen von Eheschließungen und Geburten bis 1910 zurückverfolgt (Zapf/Mau 1993) und weder während der beiden Welt-kriege noch während der Wirtschaftskrisen auch nur annähernd ähnliche Rückgänge beobachtet. Kann man daraus folgern, die deutsche Vereinigung sei für die Ostdeutschen die größte Erschütterung der jüngeren deutschen Ge-schichte gewesen? Dies kann man, aber nicht im Sinne der größten Not, son-dern im Sinne des größten Individualisierungsschubs und Systemumbruchs per Zeiteinheit, die sowohl Belastungen und Angst mit sich gebracht haben wie auch bisher ungekannte Optionen und Alternativen. Nach meiner Ein-schätzung erklärt sich die demographische Revolution in Ostdeutschland aus drei Komponenten: Die erste ist tatsächlich die Reaktion auf eine unsichere Zukunft, in der man in Verhaltensbereichen, die man selbst kontrollieren kann, Belastungen vermeidet. (Heiraten und Geburten kann man bestimmen, den Arbeitsmarkt kann man nicht bestimmen!). Zweitens handelt es sich um den Ausbruch aus dem festgelegten und prämierten DDR-System der frühen Ehen und der frühen Geburten und um die Annäherung an westliche, zeitlich späterliegende Muster. Drittens handelt es sich um die Nutzung neuer Mög-lichkeiten wie Reisen und Konsum, aber auch Partnerschaft ohne Ehe und Kinder. Die Prognose ist, daß ein Teil der ausgefallenen Ehen, Geburten und auch Scheidungen nachgeholt wird. Dies kann man für Scheidungen bereits deutlich sehen, für Ehen ebenfalls, für die Geburten jedoch noch nicht. Die Stabilisierung der demographischen Werte und die Distanz Ost-West wird ein sensibler Indikator der deutschen Vereinigung bleiben.

Der Zusammenbruch der DDR-Wirtschaft und der Strukturwandel des ostdeutschen Arbeitsmarktes hat ein ähnlich dramatisches Ausmaß. Der Rückgang der Beschäftigten beträgt 89/90 10% (von 9.7 Mio. auf 8.8 Mio.), 90/91 17% (auf 7.3 Mio.) und 91/92 nochmals 11% und scheint sich bei 6.5 Mio. einzupendeln. Die Erwerbsquote der Männer ist damit unter die in Westdeutschland gesunken, die Frauenerwerbsquote liegt, trotz der überpro-portionalen Arbeitslosigkeit (wegen des hohen Ausgangsniveaus), noch knapp über der westdeutschen. Insgesamt also ein Arbeitsplatzverlust von 3.2

Mio. Stellen. Ein Wachstum hat es nur in den Branchen Dienstleistungen, freie Berufe (449 Tsd.), Bau (241 Tsd.) und Banken, Versicherungen (39 Tsd.) sowie Organisationen (39 Tsd.) gegeben. Keine andere Entwicklung in Deutschland löst so viele Besorgnisse und politische Kontroversen aus und koppelt eine Ost-West-Spaltung mit einer Links-Rechts-Spaltung. Die sozialistischen Anhänger eines Grundrechts auf Arbeit errechnen für 1994 ein Arbeitsplatzdefizit von 32% (2.8 Mio.) und sprechen von Verhältnissen, die schlimmer sind als während der Weltwirtschaftskrise. Die Anhänger der sozialen Marktwirtschaft bestehen auf der Notwendigkeit des Abbaus unproduktiver Arbeitsplätze und der Umstrukturierung der ostdeutschen Wirtschaft. Sie verweisen auf die umfangreichen sozialstaatlichen Absicherungsmaßnahmen für die 1.1 Mio. Arbeitslosen, 600 Tsd. ABM-Maßnahmen, Umschulungen und Kurzarbeiter und 630 Tsd. Vorruheständler, die aufgrund dieser Maßnahmen heute häufig einen höheren Lebensstandard haben als 1989. In dieser Kontroverse gelten die 420 Tsd. Pendler den einen als Vertriebene, den anderen als besonders initiative Gewinner der Wende.

Ganz unbestreitbar ist in dieser Kontroverse, daß die ostdeutschen Frauen in besonderem Maße vom Arbeitsplatzabbau betroffen sind und daß sie nicht bereit sind, das weitgehend schon einmal erreichte Ziel der Vereinbarkeit von Familie und Beruf aufzugeben. In der Mikrobetrachtung ergibt sich im übrigen der Befund, daß sich parallel zu dem rapiden Abbau und sektoralen Wandel der Beschäftigung eine unerwartete Berufs- und Statusstabilität der zwei Drittel weiterhin Beschäftigten erhalten hat. Untersuchungen aus dem Berliner Max-Planck-Institut (Mayer 1994; Diewald/Solga 1994) zeigen, daß die zwischen 1989 und 1993 durchgängig Erwerbstätigen überwiegend auf derselben, einer ähnlichen oder einer zumindest statusgleichen Stelle beschäftigt sind; daß die Inhaber früherer Leitungspositionen zwar Abstiege hinnehmen mußten, aber nur eine niedrige Arbeitslosigkeit aufweisen; und daß sich in bestimmten statushohen Berufsgruppen (Professionen, privater und öffentlicher Dienstleistungsbereich) Frauen genauso gut behaupten können wie Männer. Die Forscher führen diese Stabilität im Umbruch auf die hohe „Verberuflichung" in Ostdeutschland zurück, die der westdeutschen entspricht und ein verbindendes Strukturmerkmal im vereinten Deutschland ist.

Neben den demographischen Einbrüchen und den Einbrüchen auf dem Arbeitsmarkt lassen sich, umgekehrt, auch Wachstums- und Nachholprozesse des gleichen Tempos beobachten, und zwar in den Bereichen Wohlfahrtsstaat, Infrastruktur und Massenkonsum. Die rasche Übernahme der Einrichtungen und Leistungen des westdeutschen Sozialstaats erfolgt über erhebliche Transfers von West nach Ost und bedeutet eine innerdeutsche Umverteilung. Kritiker beklagen allerdings, daß sie zu sehr durch Staatsverschuldung und zu wenig durch westdeutschen Konsumverzicht finanziert wird. Durch diese Transfers konnten nicht nur die finanziellen Folgen des Arbeitsplatzabbaus sozial abgefedert, sondern gleichzeitig auch die Lage der ostdeutschen Rentner rasch und ganz erheblich verbessert werden. Funktioniert hat sodann die Modernisierung der Versorgungs-, Verkehrs- und Kommunikationsinfrastruktur. Dies ist Modernisierung im direktesten, technischen Sinn: die Übernahme der fortgeschrittensten Technik. Hierzu sind Verwaltungen offenbar besser in der Lage als etwa zur Regelung von Eigentumsfragen, weil Infrastrukturmaßnahmen integral geplant und kampagnenartig durchgeführt werden können, zumal wenn es noch keine feindlichen Bürgerinitiativen gibt. Und was die Kapitalisten können, haben sie in den Konsumwellen der letzten Jahre gezeigt: Sie können nicht oder nur langsam neue Arbeitsplätze schaffen, aber sie können sehr schnell liefern und verkaufen. Für Infrastruktur und Massenkonsum will ich nur zwei Beispiele von vielen geben. Die Ausstattung mit Telefonanschlüssen hat sich im Osten zwischen 1989 und 1994 verdreifacht und in fünf Jahren die Entwicklung durchlaufen, die in Westdeutschland ca. von 1960 bis 1975 gedauert hat. Die Ausstattung mit Autos hat sich fast verdoppelt und in fünf Jahren die westdeutsche Entwicklung von ca. 1970 bis 1983 nachgeholt.

Hingegen hat sich ein wesentlicher Prozeß der sozialen Marktwirtschaft als nicht beschleunigungsfähig erwiesen: der Aufbau neuer und die Sanierung vorhandener Produktionen. An die Stelle der Marktentwicklung ist zunächst der „Marktschock" getreten (Kregel et al. 1992), der Zusammenbruch von Märkten, Netzwerken und Produktionsstandorten. Es war die Illusion vieler Ökonomen, daß allein der Abbau der Kommandowirtschaft und die Privatisierung der Unternehmen eine wirtschaftliche Expansion auslösen würden. Wir haben inzwischen gelernt, daß Märkte nicht spontan entstehen, sondern mühsam „gemacht" werden müssen und daß die Engpässe hierbei Kapital und Zeit sind: viel Kapital und lange Bemühungen. Im Rahmen unseres Themas – der verschiedenen Geschwindigkeiten der Tansformation – blickt man nun auf andere Gruppen von Transformationsprozessen, z.B. denjenigen in Südostasien, und findet im Vergleich mit den Erwartungen an die post-kommunistischen Transformationsprozesse drei gewichte Unterschiede: die Entwicklung hat zwei Jahrzehnte und länger gedauert; die Bevölkerung ist lange und zum Teil bis heute arm geblieben; und die politische Planung und Steuerung hat auf Kosten der demokratischen Beteiligung eine große Rolle gespielt.

III

Wie sind die Reaktionen der Ostdeutschen und der Westdeutschen auf die rapiden Veränderungen im Osten? Gibt es überhaupt nennenswerte Veränderungen in Westdeutschland? Und was ist der Zustand der deutschen Vereinigung nach vier Jahren?

Westdeutschland, die alte Bundesrepublik, hat in den 1980er Jahren und nach 1989 keine dramatischen Beschleunigungen der gesellschaftlichen Entwicklung erfahren. Der auffälligste sozialstrukturelle Trend war die steigende Frauenerwerbstätigkeit, die aber weit unter dem DDR-Niveau oder dem skandinavischen Niveau blieb. Kurzfristige Belastungen ergaben sich aus dem Zustrom von Aussiedlern und Asylbewerbern. Politisch haben sich die Grünen und ökologische Themen etabliert. Ökonomisch hat der Vereinigungsboom die weltwirtschaftliche Rezession für ein, zwei Jahre überdeckt. An der DDR hatten die Westdeutschen wenig Interesse. Noch im Dezember 1989 war nur eine Minderheit von 37% für die Bildung „eines Staates", aber 50% waren für eine „Konföderation" oder für „zwei getrennte Staaten". Diese Spaltung in der öffentlichen Meinung erklärt sich unter anderem aus den unterschiedlichen persönlichen Bindungen der Westdeutschen, von denen ein Drittel Verwandte oder Bekannte in der DDR hatte, zwei Drittel aber nicht; 20% hatten in den letzten Jahren die DDR besucht oder von dort Besuch gehabt, 80% aber nicht (Zapf/Habich 1994). Und nach der Zuwendung und Zustimmung zur Vereinigung im Jahr 1990 sagen Ende 1993 70% der Westdeutschen, sie würden die Vereinigung in der Form von 1990 nicht wiederholen. Für mehr als 50% ging die Wiedervereinigung zu schnell, rund 20% hielten ein Festhalten an der Zweistaatlichkeit, im Nachhinein betrachtet, für die bessere Lösung (Marplan 1993).

Wir haben 1993, im Rahmen von repräsentativen Umfragen, zwei Tests zur Bewertung der deutschen Vereinigung gemacht. Der erste ist die einfache Frage im Rahmen einer umfänglichen Erhebung über objektive Lebensbedingungen und subjektives Wohlbefinden (Wohlfahrtssurvey 1993, vgl. Zapf/Habich 1994): „Haben sich Ihre Lebensbedingungen seit 1990 eher verbessert, eher verschlechtert oder ist da kein großer Unterschied?" Die Ergebnisse in Ost und West unterscheiden sich frappierend (Angaben in %):

	West	Ost
eher verbessert	10	48
eher verschlechtert	31	23
kein großer Unterschied	59	29

Kein großer Unterschied für die Mehrheit der Westdeutschen: das entspricht dem Eindruck der westdeutschen Gleichgültigkeit. Aber 31% verschlechtert: das ist deutlich mehr als in Ostdeutschland und indiziert vor allem Unbehagen über die unübersichtliche allgemeine Lage, denn die persönlichen Verhältnisse werden überwiegend als gut bezeichnet, und die persönliche Zukunft wird optimistisch eingeschätzt. Dieses Unbehagen ist bei Frauen größer als bei Männern, steigt mit dem Alter und ist am höchsten in den unteren

Status-, Einkommens- und Bildungsgruppen. Es korreliert deutlich mit Ängsten, Sorgen und Anomiesymptomen.

Hingegen ist die Bilanz für die Ostdeutschen überwiegend positiv, und zwar überdurchschnittlich für Männer, mehr für die jüngeren Altersgruppen, mehr für die Beschäftigten im tertiären Sektor, mehr für die besser Ausgebildeten. Auffällige Nennungen von Verschlechterungen finden wir bei Arbeitslosen und in ihrer Beschäftigung gefährdeten Personen, bei den 50-60jährigen, bei den Geschiedenen – und ganz massiv bei den PDS-Anhängern. Diese Ergebnisse werden von mehreren anderen Studien bestätigt. So kommt eine ostdeutsche Befragung zu 43%, die vier Jahre deutsche Einheit vor allem als Gewinn bzw. mehr als Gewinn denn als Verlust bewerten; bei nur 18%, die vor allem Verlust oder mehr Verlust als Gewinn sehen (Sozialreport 1994, S. 34). Dabei ist die sozialstrukturelle Verteilung von Gewinnern und Verlierern der von uns festgestellten sehr ähnlich.

Wie kommt es zu dieser eher positiven Gesamtbewertung im Osten angesichts der beschriebenen Einbrüche und Abbrüche? Sie ist die Folge einer für die meisten Menschen deutlichen Wohlfahrtssteigerung, sowohl was die objektiven Lebensbedingungen wie das subjektive Wohlbefinden angeht. Die andere Seite ist, daß die Minderheit der objektiven und subjektiven Verlierer stärker ins Abseits gerät. Von zentraler Bedeutung sind in einer Gesellschaft, die viele Jahre Mangel erlebt hat, natürlich die realen Einkommenssteigerungen und die Konsummöglichkeiten. Aber auch die Umwelt- und die Wohnverhältnisse verbessern sich sichtbar. Und in den Dimensionen des subjektiven Wohlbefindens verringern sich Angst, Unsicherheit und Anomie (die übrigens auch in Westdeutschland nicht unerheblich sind!), d.h. die Verhaltenssicherheit wächst wieder, die Menschen „lernen" die neuen Institutionen (Zapf/Habich 1994).

Eine interessante zusätzliche Einsicht, aber in die gleiche Richtung, ergibt ein zweiter Test. Wir haben Ostdeutsche und Westdeutsche nach ihrer Bewertung des wirtschaftlichen und des politischen Systems gefragt: „vor der Vereinigung", „heute" (April/Mai 1993) und „in 5 Jahren" (Seifert et al. 1993). Die Westdeutschen geben sowohl der Wirtschaft wie der Politik der alten Bundesrepublik hohe positive Bewertungen und sehen heute eine massive Verschlechterung, die in fünf Jahren kaum korrigiert wird (keine V-Kurve, sondern beinahe ein L). Die Ostdeutschen beurteilen das wirtschaftliche und das politische System der DDR deutlich negativ, das heutige System besser, und sie erwarten weitere Verbesserungen in der Zukunft (also eine aufsteigende Linie). Zwischen der Beurteilung von Wirtschaft und Politik zeigt sich jedoch ein großer Unterschied. Während die ostdeutschen Beurteilungen des wirtschaftlichen Systems schon heute deutlich über den westdeutschen Werten liegen, wird bezüglich des politischen Systems nur eine geringe Verbesserung konstatiert und für die Zukunft erwartet: die nur schwach ansteigende Kurve schneidet heute gerade die Nullinie auf einer Skala von

-10 bis +10. Die Westdeutschen sehen also erhebliche Gefährdungen ihrer vertrauten Systeme; die Ostdeutschen schätzen die Marktwirtschaft und können sich für die Bonner Demokratie nicht recht erwärmen. Dies ist paradox, denn die Aufbauleistung aufgrund staatlicher Transfers und Verwaltung ist viel größer als die Aufbauleistung privatwirtschaftlicher Investitionen. Die Erklärung liegt wiederum in Faktoren der politischen Kultur. „Der Staat ist für die Existenzsicherung verantwortlich": dies meinen 32% der Westdeutschen, aber 61% der Ostdeutschen. „Die einzelnen sind selbst verantwortlich" meinen 68% der Westdeutschen, aber nur 39% der Ostdeutschen. Kollektive Einstellungen einerseits, die Befürchtung wirtschaftlicher Schwierigkeiten andererseits gehen eindeutig mit einer schlechten Bewertung des politischen Systems (der neuen Bundesrepublik) zusammen. Bei der Frage nach einer „ausreichenden sozialen Sicherung" gibt es immer Kritik; aber während 47% der Westdeutschen die soziale Sicherung für ausreichend halten, sind es bei den Ostdeutschen nur 24% – und 97% sagen retrospektiv, daß die soziale Sicherung in der DDR gegeben war. „Es herrscht Ordnung" konzedieren 42% der Westdeutschen, aber nur 13% der Ostdeutschen – für 80% herrschte in der DDR Ordnung.

So sehen wir also, daß sich die ostdeutschen Bürger rascher auf die Institutionen und Werte der Marktwirtschaft als auf die der Demokratie zubewegen. Die Westdeutschen haben beide seit langem akzeptiert, aber sie sehen in der Praxis deutliche Verschlechterungen (Performanzeinbußen) seit der Vereinigung.

IV

1989 hatte die Geschwindigkeit des Zusammenbruchs der DDR alle überrascht. 1990 wurde das Tempo durch Exit und Voice von unten hochgehalten, von Regierungsseite aber ebenfalls forciert, wie man z.B. über das Zustandekommen des Einigungsvertrags im Buch von Wolfgang Schäuble (1991) nachlesen kann. Seitdem ist die Kritik an der Art und Weise der ostdeutschen Transformation und der deutschen Vereinigung vor allem auch Kritik an der gewählten Geschwindigkeit. Ein langsameres Vorgehen mit dadurch verbesserten Steuerungsmöglichkeiten wird rückblickend eingeklagt und vorausblickend gefordert.

Diese Forderungen liegen in einer apokalyptischen Variante und in einer pragmatischen Variante vor. Die apokalyptische Variante wird von sozialistischen Literaten und Wissenschaftlern formuliert, besonders massiv von dem Dramatiker Heiner Müller. 1990 hatte er zum Widerstand gegen die schnelle Anpassung aufgefordert und die Beschleunigung durch die Massenmedien

beklagt. „Die Mauer war ja auch so ein Regulativ zwischen zwei Geschwindigkeiten. Verlangsamung im Osten, man versucht die Geschichte anzuhalten
und alles einzufrieren, und diese totale Beschleunigung im Westen..."
(Müller 1994, S. 109). Nach dem Zusammenbruch des Ostens werden die
Bremsen des Kapitalismus ausfallen. Im Sinne von Walter Benjamins Revo-
lutionsbegriff war der Sozialismus eine Notbremse. „Die totale Beschleunigung führt zum Nullpunkt, in die Vernichtung" (ebd., S. 154).

Akademischer sind Thesen wie z.B. die von Dieter Klein zu „Rückwir-
kungen – Über westliche Folgen von östlichem Wandel", aber sie haben das
gleiche Motiv: daß nämlich der Staatssozialismus dämpfend „auf die inneren
Widersprüche der OECD-Welt und eher fördernd auf Problembewältigungen
wirkte" (Klein 1994, S. 2). Dieses disziplinierende Feindbild wie auch die
Sicherheitsordnung des Kalten Krieges seien nun weggefallen, und die neue
Unordnung des Ostens und des Südens werde jetzt beschleunigt über den
Westen hereinbrechen.

Die eher pragmatische Kritik erklärt die Ziele einer raschen „Angleichung der Lebensverhältnisse" als unrealistisch und damit kontraproduktiv:
sie verschütten in einem vergeblichen Wettlauf endogene Entwicklungspo-
tentiale; sie verbauen insbesondere auch Alternativen zu westlichen Prakti-
ken, d.h. die Reform des westlichen Modells selber. Thomas Koch (1992)
sieht die Akzeptanz für Modelle getrennter Entwicklungen und zweier Geschwindigkeiten in Deutschland steigen und nennt als Indiz hierfür die schär-
fere Artikulation von ostdeutschen Sonderinteressen. Bekanntlich hat sich
Kurt Biedenkopf besonders deutlich für das Programm „Eigener Weg statt
,Aufholjagd'" ausgesprochen: „Die Modellrechnungen zeigen, daß eine bal-
dige Angleichung der ökonomisch definierten Lebensverhältnisse in Ost- und
Westdeutschland objektiv nicht erreichbar ist. Der Versuch wäre aber auch
nicht sinnvoll. Es ist völlig unbekannt, wie eine Bevölkerung reagiert, die innerhalb von knapp einer Dekade eine wirtschaftliche Entwicklung durchlaufen soll, für die der westliche Teil Deutschlands 30 bis 40 Jahre Zeit hatte"
(Biedenkopf 1992, S. 64). Biedenkopf plädiert deshalb für eine stärkere Regionalisierung des Einheitsprozesses und für einen anderen „Mix" ökonomischer und nicht-ökonomischer Faktoren der Lebensqualität, und er sieht in
einem Wettbewerb der Regionalisierung auch die besten Chancen dafür, daß
in Westdeutschland „Verkrustungen und Stagnationen" überwunden werden.

Nach meiner Einschätzung sind wir vier Jahre nach der deutschen Vereinigung ohnehin an einem Punkt angekommen, an dem sich das hohe Ver-
änderungstempo im Osten abschwächt und sich der Wandlungsdruck im
Westen spürbar erhöht. Die demographischen Einbrüche und der Umbruch
des Arbeitsmarktes sind zu einem gewissen Abschluß gekommen, die Wan-
derungen gehen inzwischen in beide Richtungen. Das Parteiengefüge hat sich
in der zweiten gesamtdeutschen Wahl in einer Weise etabliert, vielleicht sogar stabilisiert, die vor dem 18. März 1990 kaum jemand für möglich gehal-

ten hätte: im Osten nicht unter der Führung der SPD, sondern mit der CDU vor der SPD wie im Westen; in beiden Teilen die beiden großen Parteien zusammen über 70% und zunehmend auf große Koalitionen angewiesen; im Osten ein knappes Fünftel PDS als Ausdruck ostdeutscher Sonderinteressen und ostdeutscher Verlierer; insgesamt ein Verlust des bürgerlichen Lagers als Ausdruck steigenden Reformdrucks auch im Westen. Diese Konstellation ist im übrigen auch Ergebnis einer deutlichen Stimmungsverbesserung und Stabilisierung zwischen 1993 und 1994 (vgl. Infratest 1994).

Im internationalen Vergleich liegt Ostdeutschland in der Zustimmung zu Marktwirtschaft und Demokratie im Vorderfeld, aber nicht an der Spitze der post-kommunistischen Gesellschaften. Nimmt man die Zufriedenheit mit der eigenen wirtschaftlichen Situation als Komponente eines „index of transformation" hinzu, so rückt Ostdeutschland an die zweite Stelle hinter der Tschechischen Republik (Seifert 1994, S. 44-47). Die Richtung scheint also eindeutig zu sein. Ebenso eindeutig aber scheint mir, daß der deutsche Ost-West-Gegensatz als „regionales ‚Sonderbewußtsein'" nicht so rasch verschwinden wird, wie das Rainer Lepsius für das Fach Soziologie richtig vorausgesagt und gestaltet hat. Die Frage ist, ob dies wirklich eine ganze Generation lang dauern muß, bis neben den schon jetzt greifbaren Gewinnen der Wende auch die Verluste überwunden sind, die sie wegen ihres Tempos unvermeidlich mit sich gebracht hat.

* Vortrag zum Tag der Sozialwissenschaften an der Universität Halle und zur Ehrenpromotion von Prof. Dr. M. Rainer Lepsius am 26.10.1994. Ich danke Gasala Mathwig und Wolfgang Seifert für hilfreiche Beiträge. Daten, die nicht gesondert ausgewiesen sind, wurden Statistischen Jahrbüchern sowie GLOBUS-Schaubildern entnommen.

Literatur

Biedenkopf, Kurt (1992): „Die neuen Bundesländer: Eigener Weg statt ‚Aufholjagd'".
Nachgedruckt in: W. Dettling (Hg.), Perspektiven für Deutschland. München 1994,
S. 62-78.

Diewald, Martin/Heike Solga (1994): „Ordnung im Umbruch? Strukturwandel und
deutsch-deutsche Tradition". Max-Planck-Institut für Bildungsforschung Berlin,
Manuskript.

Geißler, Rainer (1992): Die Sozialstruktur Deutschlands. Opladen.

Infratest (1994): „Die Stimmung stimmt für Kohl". Eine ZEIT-Umfrage von Infratest
Burke Berlin. In: Die ZEIT, 30.9.1994, S. 13-15.

Klein, Dieter (1994): „Rückwirkungen – Über westliche Folgen von östlichem Wandel",
Humboldt-Universität zu Berlin, Manuskript.

Koch, Thomas (1992): „Chancen und Risiken von Modellen einer ‚getrennten' Entwicklung der beiden Gesellschaften in Deutschland". In: BISS PUBLIC, Heft 9, S. 5-22.

Kohli, Martin (1994): „Die DDR als Arbeitsgesellschaft? Arbeit, Lebenslauf und soziale
Differenzierung", in: H. Kaelble/J. Kocka/H. Zwahr (Hg.), Sozialgeschichte der
DDR. Stuttgart.

Kregel, Jan/Egon Matzner/Gernot Grabher (1992): The Market Shock. Wien/Ann Arbor.

Lepsius, Rainer M. (1991a): „Ein unbekanntes Land. Plädoyer für soziologische Neugierde". In: B. Giesen/C. Leggewie (Hg.), Experiment Vereinigung. Berlin, S. 71-76.

Lepsius, Rainer M. (1991b): „Zur Entwicklung der Soziologie in den neuen Bundesländern". In: Kölner Zeitschrift für Soziologie und Sozialpsychologie, 43, Heft 1, S.
138-145.

Marplan (1993): „Mehrheit beklagt zu schnelle Einheit". In: Neues Deutschland,
10.12.1993, S. 4.

Mayer, Karl Ulrich (1994): „Vereinigung soziologisch: Die soziale Ordnung der DDR
und ihre Folgen". In: H. Peisert/W. Zapf (Hg.), Gesellschaft, Demokratie und Lebenschancen. Festschrift für Ralf Dahrendorf. Stuttgart, S. 267-290.

Merkel, Wilma/Stefanie Wahl (1991): Das geplünderte Deutschland. Die wirtschaftliche
Entwicklung im östlichen Teil Deutschlands von 1949 bis 1989. Schriften des Instituts für Wirtschaft und Gesellschaft, Bonn.

Müller, Heiner (1994): Gesammelte Irrtümer 3. Texte und Gespräche. Frankfurt M.

Müller, Klaus (1992): „‚Modernizing' Eastern Europe: Theoretical Problems and Political
Dilemmas". In: European Journal of Sociology, 33, S. 109-150.

Opp, Karl-Dieter (1991): „DDR '89: Zu den Ursachen einer spontanen Revolution". In:
Kölner Zeitschrift für Soziologie und Sozialpsychologie, 43, Heft 2, S. 302-321.

Schäuble, Wolfgang (1991): Der Vertrag. Stuttgart.

Seifert, Wolfgang (1994): East Germany and Eastern Europe Compared. Studies in Public
Policy No. 233, University of Strathclyde.

Seifert, Wolfgang/Richard Rose/Wolfgang Zapf (1993): „Ökonomische Verhaltensweisen
und politische Einstellungen im vereinten Deutschland", Arbeitspapier P 93-109,
Wissenschaftszentrum Berlin für Sozialforschung.

Sozialreport 1994: Daten und Fakten zur sozialen Lage in den neuen Bundesländern.
I. Kurz-Scherf und Gunnar Winkler (Hg.). Sozialwissenschaftliches Forschungszen-
trum Berlin-Brandenburg e.V.

Teltschik, Horst (1991): 329 Tage. Berlin.

Zapf, Wolfgang (1991): „Der Untergang der DDR und die soziologische Theorie der Modernisierung". In: B. Giesen/C. Leggewie (Hg.), Experiment Vereinigung. Berlin, S. 38-51.

Zapf, Wolfgang (1994): „Einige Materialien zu Gesellschaft und Demokratie im vereinten Deutschland". In: H. Peisert/W. Zapf (Hg.), Gesellschaft, Demokratie und Lebenschancen. Festschrift für Ralf Dahrendorf. Stuttgart, S. 291-312.

Zapf Wolfgang/Steffen Mau (1993): „Eine demographische Revolution in Ostdeutschland?" Informationsdienst Soziale Indikatoren. Zentrum für Umfragen, Methoden und Analysen, Nr. 10, S. 1-5. Mannheim.

Zapf, Wolfgang/Roland Habich (1994): „Die Wohlfahrtsentwicklung im vereinten Deutschland". In: W. Dettling (Hg.), Perspektiven für Deutschland, München, S. 175-204.

Everhard Holtmann

‚Weimarer Verhältnisse' vom Osten her?

– Eine Nachbemerkung zu möglichen Entwicklungslinien im ostdeutschen Parteiensystem

Das Interesse der Sozialwissenschaft, die sich mit Folgeproblemen und Entwicklungsperspektiven der deutschen Einigung beschäftigt, richtet sich in hohem Maße auf den (etwa auch von Wolfgang Zapf wiederholt thematisierten) Zusammenhang zwischen Transformation und Modernisierung. Auf das politische System der um die ehemalige DDR erweiterten Bundesrepublik bezogen, lautet eine der Fragen: Ist dieses System neuerungsfähig, im Sinne einer (wie W. Zapf dies mit Rekurs auf Parsons nennt:) „Inklusion", also eines erfolgreichen Hineinnehmens möglichst vieler hinzukommender sozialer Gruppen und Interessenaggregate in die Grundeinrichtungen und Grundnormen des bundesdeutschen Verfassungsstaates, beispielsweise in das pluralistische Regelungsmuster der Konkurrenzdemokratie?

Die Antwort hierauf fällt hinsichtlich des Parteiensystems in der Öffentlichkeit derzeit eher skeptisch aus. Die PDS, nach der Serie der jüngsten Landtags- und Bundestagswahlen in ihrer parlamentarischen Vertretung gefestigt, erscheint im sich ordnenden gesamtdeutschen Parteiengefüge wie ein Fremdkörper und, auf Grund okkulter SED-Traditionsbestände und ihres Profils als betont-ostdeutsche Sozialpartei, in doppelter Weise systemwidrig.

In der Tat haben folglich vor allem die Mehrheitsverhältnisse in den neu gewählten ostdeutschen Landesparlamenten, soweit nicht, wie in Brandenburg und Sachsen, dem bisherigen Regierungschef ein klares Mandat zur Alleinregierung erteilt worden ist, die Spielräume für die Bildung regierungsfähiger Mehrheiten deutlich verengt. Die verbliebenen Alternativen der Regierungsbildung – entweder breitspurige Große Koalitionen oder das Magdeburger Modell einer auf wechselnde Tolerierung bauenden Minderheitsregierung – sind aus je spezifischen Gründen problematisch.

Dennoch besteht kein Anlaß, die Wiederkehr sogenannter ‚Weimarer Verhältnisse', also einer dysfunktionalen ‚Zerfaserung' der Parteienlandschaft, oder eine Selbstblockade des Parlamentarismus zu befürchten. Denn zum einen ist in den neuen Bundesländern nicht etwa eine fortschreitende Zersplitterung der regionalen Parteiensysteme, vielmehr innerhalb dieser eine Tendenz zur tripolaren Konzentration, auf CDU, SPD und PDS zu beobachten. Zum anderen sieht sich die einstweilige parlamentarische Konsolidierung

einer vormodernen, auf Besitzstandswahrung ausgerichteten Interessen-
tenpartei im Lichte vergleichbarer Vorgänge der westdeutschen Gründungs-
periode der frühen 50er Jahre durchaus undramatisch an. Auch seinerzeit
konnte, damals in Gestalt des Blocks der Heimatvertriebenen und Entrechte-
ten (BHE), vorübergehend eine Partei in den Bundestag und in etliche Land-
tage einziehen, die als Treuhänderin der damals durch Flucht und Vertreibung „Benachteiligten" auftrat. Der BHE hatte seine soziale Basis nicht in
einem bestimmten Schicht- oder Klassensegment der durch hohe vertikale
Mobilität gekennzeichneten westdeutschen Nachkriegsgesellschaft, sondern
in einer *territorial*, durch Herkunft aus den ehemaligen deutschen Ostgebie-
ten definierten Wählerklientel. Der BHE hatte, auch darin vergleichbar der
PDS, einen *regionalen* Vereinigungspunkt seiner Interessenpolitik (damals in
dem vom Westen aus aufrecht erhaltenen Anspruch auf ein „Heimatrecht im
Osten"). In den 50er Jahren hat der regional zeitweise beachtliche Wahlerfolg der Interessenpartei der Vertriebenen ein Wählerpotential in das neu
entstehende parlamentarische System integriert, das den großen Parteien anfangs nur schwer zugänglich gewesen ist. Auf lange Sicht gesehen, hat der
BHE somit einen Beitrag zur Eingliederung politischer Bevölkerungsschich-
ten geleistet, die auf erhöhten sozialen und wirtschaftlichen Anpassungsdruck zunächst mit Systemverdrossenheit und einer ausgeprägten Pro-
testhaltung reagiert hatten.

Gewiß verbieten sich simple Analogieschlüsse. Organisationsgrad und
Gründungsgeschichte, Mitgliederstruktur und Programmatik der PDS unterscheiden sich vom längst verblichenen BHE erheblich.

Gleichwohl ist das – schon historische – parteipolitische Zwischenspiel
des BHE ein Beispiel erfolgreicher Inklusion in das konkurrenzdemokrati-
sche Politik-und Parteiensystem der Bundesrepublik, in diesem Fall bewirkt
durch die schrittweise erfolgte Selbst-Aufhebung einer Interessenpartei, die
als Protestpartei, als „Sozialpartei" (Richard Stöss) ursprünglich angetreten
war und in dem Maße an Wählerzuspruch verlor, wie die Angleichung der
Lebensverhältnisse vorankam.

Die Frage ist nun: wiederholt sich diese Geschichte? Das hängt m.E. wesentlich davon ab, ob sich ein spezifisches „PDS-Milieu" sozialstrukturell
und sozialkulturell dauerhaft herausbilden kann.

Die von Rainer M. Lepsius eingeführte, wohlbekannte analytische Kate-
gorie des „Sozialmilieu" setzt als dieses konstituierendes Element die Koin-
zidenz, also das gemeinschaftsbildende Zusammentreffen solcher Faktoren
wie ökonomische Lage, Konfession, regionale Verwurzelung, Weltanschau-
ung und homogene Zusammensetzung intermediärer Gruppen voraus. Nimmt
man dies zum Maßstab, so sind die empirischen Hinweise auf ein real exi-
stierendes PDS-Milieu unübersehbar. Für Sachsen-Anhalt läßt sich das anhand der amtlichen Wahlstatistik, der FGW-Wahlanalysen sowie der am In-

stitut für Politikwissenschaft vorgenommenen Erhebungen exemplarisch auf-
zeigen:

1. Etwa 83% der PDS-Wähler der Landtagswahlen vom 26. Juni 1994 in
   Sachsen-Anhalt waren konfessionslos. Auch darin kommt ein milieubil-
   dendes Merkmal konfessioneller Homogenität zum Ausdruck.
2. Klar erkennbar ist eine räumliche Konzentration von Mitglieder- und
   Wählerschaft der PDS auf großstädtische Ballungsräume. Beispiel Kom-
   munalwahl 1994: In Magdeburg und Halle, schon 1990 zwei Hochburgen der PDS mit 16,1% bzw. 17,2%, konnte die PDS um 11,0% bzw.
   8,8% erneut überdurchschnittlich zulegen. In beiden Großstädten ist mit
   2 713 (13,95%) bzw. 3 224 Personen (16,58%) allein fast ein Drittel aller
   Mitglieder des gesamten Landesverbandes registriert (Stand August
   1994). Bei den kurz danach durchgeführten Landtagswahlen verzeichnete die PDS als einzige im Parlament vertretene Landespartei überdurch-
   schnittliche Stimmenzuwächse in ihren eigenen städtischen Hochburgen.
3. Die Parteiidentifikation der PDS-Gefolgschaft ist relativ stark ausge-
   prägt. Die PDS erzielte zum Zeitpunkt der Landtagswahlen 1994 in der
   Einschätzung durch die eigenen Anhänger einen Wert von + 3.3. Die
   Vergleichswerte für alle anderen Parteien lagen deutlich niedriger: Bündnis 90/Grüne + 2,8, SPD + 2.5, CDU + 2.4, FDP + 2.1. Ähnlich hoch (+
   2,5) fiel die Zufriedenheit der PDS-Anhänger mit deren Oppositionsrol-
   le aus. Die Vergleichswerte lauten hier: SPD + 1,6, Bündnis 90/Grüne +
   1.8. (s. FGW-Bericht Nr. 72/1994, S. 94,12 f.).
4. Im regional wichtigen Politikfeld der Arbeitsmarktpolitik hat eine deutliche Mehrheit der PDS-Anhänger eine übereinstimmende issue-Orien-
   tierung: zwei von drei PDS-Wählern trauten die Lösung des Problems
   der Arbeitslosigkeit, das von 80% der Landesbevölkerung auf Platz 1 der
   Dringlichkeitsskala plaziert wird, weder einer CDU- noch einer SPD-
   geführten Landesregierung zu (Ebenda, S. 50).
5. Nach wie vor stellen ehemalige SED-Mitglieder über 90% der PDS-Mit-
   gliederschaft, und unter diesen sind die älteren Jahrgänge überproportio-
   nal vertreten. Das läßt den Schluß zu auf eine hohe ideelle Konformität,
   im Sinne eines zu Zeiten des SED-Regimes geformten, fortwirkenden
   Gesinnungs-Traditionalismus.
6. Schließlich ist zu vermuten, daß sich in städtischen Hochburgen die er-
   wähnt hohe Mitgliederdichte und Organisationspräsenz sowie die Wahl-
   erfolge der PDS wechselseitig positiv beeinflussen. Hier sind offenbar,
   zumal unter den besonderen Wohnbevölkerungsstrukturen und Kommu-
   nikationsbedingungen von Großwohnsiedlungen in ehemaligen Bezirks-
   hauptstädten, relativ günstige Voraussetzungen für die sozial-räumliche
   Abstützung eines „PDS-Milieus" gegeben.

Meine These ist, daß Existenz und verhaltensprägende Kraft dieses Sonder-
Milieus – und damit auch die soziale Basis für den Wahlerfolg der PDS –
dennoch nicht von Dauer sein werden. Für diese These spricht m.E. nicht pri-
mär die immer wieder bestätigte Beobachtung, daß die überkommenen Tra-
ditionsmilieus, die von historischen politisch-sozialen Konflikt-und Spannungslinien markiert werden, seit langem generell aufweichen – ein ostdeutscher Sonderweg, welcher den allgemeinen langfristigen Trend zur Mi-
lieu-Auflösung gleichsam umkehrt, wäre ja durchaus denkbar. Doch lassen
sich mindestens drei für das ‚in Gründung' befindliche PDS-Milieu struktur-
typische Faktoren benennen, welche die Herausbildung und Persistenz eines
neuen, gesinnungspolitisch gesteuerten Sozialmilieus schon jetzt hemmen
bzw. in Frage stellen:

1. Die unterschiedlichen Wählergruppen des SED-Traditionsflügels und der
    ideologisch ungebundenen (jugendlichen) Protestwähler werden derzeit
    verklammert durch eine situative und diffuse Unzufriedenheit mit dem
    „output", der Leistungsfähigkeit des neuen politischen Systems. Eine
    solche negative Gegen-Identifikation dürfte als gemeinschaftsfähige Ori-
    entierung auf Dauer nicht tragfähig sein. Um dies am Vergleich mit den
    Grünen, die ursprünglich ebenfalls als Protestpartei angetreten sind und
    sich in Westdeutschland inzwischen auf unterschiedliche soziale Grup-
    pen stützen, kontrastierend zu verdeutlichen: Die für die Partei Die Grü-
    nen immer noch zentrale Umweltschutz-Zielsetzung sowie eine in weite-
    ren postmaterialistischen Wertpräferenzen gründende Grundhaltung fü-
    gen sich zu einer gemeinsamen sozialkulturellen Orientierung, welche
    zwei in ihren sozialpolitischen Spezialinteressen durchaus konträre
    Stammwählergruppen, nämlich von potentieller Arbeitslosigkeit bedroh-
    te Jungakademiker und Angehörige des erwerbstätigen neuen Mittel-
    stands im modernen Dienstleistungssektor, offenbar ideell verbindet (vgl.
    Alber 1985). Eine vergleichbare sozialkulturelle Übereinstimmung un-
    terschiedlicher Wählergruppen sehe ich für die PDS-Wählerschaft nicht.
2. Innerhalb der PDS-Anhängerschaft ist eine Tendenz zu sozialer Diffusi-
    on feststellbar. Die PDS, die, bei Arbeitern unter- und bei Angestellten
    überrepräsentiert, schon von Beginn an einen ‚Mittelstandsbauch' hatte,
    findet bei selbständig Erwerbstätigen verstärkt Zuspruch (bei den 94er
    Landtagswahlen haben in Sachsen-Anhalt gegen 18% der Selbständigen
    PDS gewählt, 4 Jahre zuvor waren es keine 5%). Soweit es sich dabei um
    „Existenzgründer" aus dem Kreise der ehemaligen SED-Mitglieder han-
    delt, könnte diese den Erwerbslagen und Statusgruppen der *neuen* Ge-
    sellschaft folgende soziale Differenzierung der PDS-Wählerschaft auf
    mittlere Sicht die ideologische Traditionsbindung von innen her auflok-
    kern und somit die Bindewirkung des „Milieus" schwächen. Aus dem
    Jahr 1955 ist die Aussage eines BHE-Politikers überliefert, daß die wirt-
    schaftlich arrivierten BHE-Anhänger „sich nach ihrer Eingliederung den

saturierten Kreisen zuwandten und für die Zukunft jegliche politische Aktivität vermissen lassen" (zit. Stöss 1984, S. 1424). In ähnlicher Weise könnten sich auch für die PDS bei ihrer Selbständigen-Klientel Entfremdungsprozesse einstellen.

3. PDS-Wähler und PDS-Mitglieder unterscheiden sich nach ihren sozialen Merkmalen erheblich. Die Mitglieder sind überwiegend fortgeschrittenen Alters und nicht (mehr) berufstätig. Im Landesverband Sachsen-Anhalt sind 4% der Mitglieder unter 30 Jahren, aber 52% älter als 60 Jahre. Ebenfalls 52% beträgt der (geschätzte) Anteil der Rentner, weitere 12% befinden sich im Vorruhestand. Lediglich 23% der eingeschriebenen Mitglieder üben einen Beruf aus. Demgegenüber sind die Wähler der PDS mehrheitlich berufstätig und auch deutlich jünger; bei den Jungwählern wurde die PDS am 26. Juni 1994 mit 25,3% stärkste Partei, allerdings dicht gefolgt von SPD (25,1%) und CDU (24,9%). Die PDS ist also als Mitgliederpartei mit ihrem überalterten SED-Traditionsflügel nahezu identisch. Da jedoch diese soziale Trägergruppe, von welcher die wohl stärkste milieubildende Kraft ausgeht, infolge der natürlichen Sterblichkeit kontinuierlich schrumpft und andererseits nennenswerte Rekrutierungserfolge unter jüngeren Wählern bislang ausbleiben, droht das Milieu auszutrocknen, noch bevor es sich stabil hat bilden können.

Meine Schlußfolgerung lautet: Das nach Osten hin erweiterte bundesdeutsche Parteiensystem hat gute Chancen, seine Anpassungs-und Innovationsfähigkeit langfristig durch Inklusion des Protestpartei-Potentials neuerlich zu bestätigen. Doch wird dieser Prozeß länger dauern als der vergleichbare Vorgang in den 50er und den frühen 60er Jahren, da er diesmal nicht durch exorbitant hohe und lang anhaltende ökonomische Zuwachsraten und Verteilungsspielräume flankiert wird.

Literatur:

Alber, Jens : Modernisierung, neue Spannungslinien und die politischen Chancen der Grünen. In: PVS 26 (1985), H. 3, S. 211-226.

Forschungsgruppe Wahlen: Wahl in den neuen Bundesländern. Eine Analyse der Landtagswahlen vom 14. Oktober 1990 (Bericht Nr. 60), Mannheim 1994.

Forschungsgruppe Wahlen: Wahl in Sachsen-Anhalt. Analyse der Landtagswahl vom 26. Juni 1994 (Bericht Nr. 72), Mannheim 1994.

Holtmann, Everhard/Boll, Bernhard: Sachsen-Anhalt. Eine politische Landeskunde, Opladen 1995.

Lepsius, Rainer M.: Parteiensystem und Sozialstruktur: Zum Problem der Demokratisierung der deutschen Gesellschaft. In: Wirtschaft, Geschichte und Wirtschaftsge-

schichte, Festschrift zum 65. Geburtstag von Friedrich Lütge, hrsg. von Wilhelm
    Abel u.a., Stuttgart 1966, S. 371-393.

Staritz, Dietrich/Suckut, Siegfried : Strukturwandel des DDR-Parteiensystems. In: Nieder-
    mayer, Oskar/ Stöss, Richard (Hrsg.), Stand und Perspektiven der Parteienforschung
    in Deutschland, Opladen 1993, S. 211-229.

Statistisches Landesamt Sachsen-Anhalt (Hrsg.): Wahlen 1994. Vergleichbare Ergebnisse
    der Wahlen von 1990 und Strukturdaten in Vorbereitung der Wahlen von 1994,
    Halle März 1994.

Stöss, Richard : Der Gesamtdeutsche Block/BHE in: Ders. (Hrsg.), Parteien-Handbuch
    Bd. 2, Opladen 1984, S. 1424-1459.

Zapf, Wolfgang : Modernisierung und Modernisierungstheorien (WZB papers P 90-104),
    Berlin 1990.